Hans Walter
erzählt
Mythen aus dem alten Griechenland

Hans Walter
erzählt

Mythen aus dem alten Griechenland

HIRMER VERLAG MÜNCHEN

Umschlagabbildung:
Dionysos und Hephaistos auf dem Weg in den Olymp.
Von einer attischen Kanne des Eretria-Malers, 430/20 v. Chr.
New York, Metropolitan Museum of Art

Die Deutsche Bibliothek – CIP-Einheitsaufnahme

[Mythen aus dem alten Griechenland]
Hans Walter erzählt Mythen aus dem alten Griechenland. –
ISBN 3-7774-5610-1
NE: Walter, Hans; HST

Satz, Druck und Bindung: Kösel, Kempten
Lithos: Schwitter AG, Basel
Schutzumschlagentwurf: Dieter Vollendorf, München
Printed in Germany
ISBN 3-7774-5610-1

Inhalt

Zuerst dachte ich daran, das Nachwort an den Anfang des Buches zu stellen. Doch die Frage nach Wesen und Ursprung des griechischen Mythos sollte nicht die Einführung sein. Es sollen in den Geschichten die Freude und die Phantasie der Griechen unbelastet zu Wort kommen, die manchen an die Naivität der Erzählungen aus glücklichen Kindheitstagen erinnern, auch wenn die Mythen nicht dort wurzeln.

Es war nicht die Absicht, literarische Erzählungen zu schaffen, denn die Gestalten des Mythos sind keine literarischen Erfindungen. Es ging mir darum, die Erzählungen dem Ton der Mythen des sechsten und fünften Jahrhunderts v. Chr. zu nähern. Ein langer Umgang mit griechischen Bildwerken war mir Hilfe und Wegweisung.

Hans Walter aus Auerbach i. d. Oberpfalz, Univ.-Professor der Klassischen Archäologie, lehrte an den Universitäten München und Salzburg. Ausgräber von Alt-Ägina. Mitglied des P.E.N. Seine Schriften über Kunst und Kultur der Antike sind weiten Kreisen bekannt geworden.

Tafelrunde im Olymp

In seinem Haus auf dem Olymp, dessen Gipfel in den Äther reicht, hat Zeus Gäste zu einer Tafelrunde eingeladen. Eine auserwählte Gesellschaft hat sich eingefunden (Abb. 1a–c): Die mächtigen Götter Poseidon und Hades, Ares und Dionysos aus der jüngsten Generation, die Göttinnen Amphitrite, Persephone, Aphrodite und Ariadne sind gekommen, und Zeus und Hera als Gastgeber.

Sie sitzen in der Säulenarchitektur des Palastes. Jedes Paar hat seine eigene Liege und ein Tischchen für die Speisen. Die Männer sind aufgerichtet, die Frauen sitzen auf dem Rand der Liege. Zeus hat sich als Mundschenk Ganymed von der Erde in den Olymp geholt. Dionysos wird von einem Satyr aus seinem Gefolge bedient; etwas stutzerhaft steht er in ungewohnter Umgebung. Den anderen Göttern leisten die Göttinnen Hilfe beim Einschenken. Die Gäste kennen einander, natürlich, aber wir wollen dennoch den Hausherrn, die Hausfrau und die Gäste vorstellen.

Zeus ist der mächtigste unter seinen Brüdern Poseidon und Hades. Als die Welt verteilt wurde, bekam er den Himmel und die Erde. Er hält das Zepter als Herrscher und König, mit dem Blitzbündel kämpft und bestraft er, der Adler ist sein Begleiter. Der Olymp ist auch sein Thron; von hier regiert er die Welt. Zeus hat die Welt nicht geschaffen, er wacht über sie, ist Ordner der Welt und muß eingreifen, wenn der Mensch die Ordnung übertritt. Auch Sturm und Regen unterstehen seiner Gewalt. Zeus ist gerecht. Hera, seine Gattin, trägt die Krone und hält das Zepter. Sie ist eine mütterliche Gottheit und beschützt die Ehe. In früherer Zeit war sie sogar mächtiger als Zeus. Unter den Göttinnen ist sie die erste; die Götter begegnen ihr stets mit Ehrfurcht.

Poseidon bekam bei der Teilung der Welt das Meer. Dreizack und Fisch sind die Zeichen seines Machtbereichs. Er thront selten, denn sein Reich ist ein unruhiges und bewegtes. Seine Macht ist am größten, wenn er stehend, den Dreizack erhoben, übers Meer gebietet, es aufwühlt und wieder beruhigt. Amphitrite gehört nicht zu den großen Göttern; als er sie zur Frau nahm, war sie eine der fünfzig Töchter des Meergreises Nereus.

Hades, der älteste der drei Brüder, ist Herrscher im Totenreich, das seinen Namen trägt. Tief unter der Erde liegt der düstere und freudlose Ort. Die Toten hausen dort als Schattengestalten. Hades ist nicht mit dem Teufel der christlichen Religion zu vergleichen. Er ist kein Feind der Menschen, eher ein freundlicher Herr, der seinen Dienst versieht. Als Gott der unteren Welt spendet er der Erde auch Fruchtbarkeit und Wachstum; so hält er neben dem Zepter das Horn des Reichtums und der Fülle (Abb. 1c). Persephone, neben ihm auf der Liege, ist die Tochter der Demeter; die beiden Göttinnen

1a

Amphitrite Poseidon Hera Zeus Ganymed

haben in Eleusis ihr Heiligtum und hüten die Geheimnisse der Mysterien. Nach einer Abmachung zwischen Hades und Zeus mußte Persephone in den Wintermonaten als Gattin des Hades in der Unterwelt weilen: die Natur ruht. Im Frühjahr ist sie wieder bei ihrer Mutter in Eleusis: da erwacht die Natur von neuem.

Ares ist der Gott des mörderischen Kampfes. Die Götter Furcht und Schrecken sind seine Begleiter. Aphrodite reicht ihm das Trinkgefäß. In der allgemeinen Vorstellung ist sie die Göttin der Schönheit, der Anmut und der Liebesbeziehungen. Sie ist keine Gottheit der Ehe, aber sie führt Menschen

1b

Aphrodite Ares Ariadne Dionysos Satyr

1c

Persephone Hades

zusammen, zum Glück, aber auch zum Unglück. Ihr Begleiter ist ihr Sohn Eros, der die Macht der Göttin in die Menschenherzen pflanzt. Als einzige Göttin hat sie auch Macht über alle Götter.

Dionysos, der Zweimal-Geborene: Als Zeus den Blitz in das Haus der Semele warf und dieses in Flammen aufging, wurde Dionysos inmitten des Feuers von Semele geboren – und ein zweites Mal aus dem Schenkel des Zeus. Er wuchs in der Wildnis auf. Nymphen waren seine Erzieherinnen. Aus der Wildnis stammt sein Gefolge: pferdehufige und pferdeschwänzige Silene. Mänaden versehen seinen Dienst, Panther und Löwe sind seine Tiere, der Thyrsosstab und der Efeukranz seine Zeichen. Man nennt ihn Gott des Weines. Er ist der erste Erzeuger der Rebe, doch vor allem ist er der Gott der Kräfte des Weines, des Rauschhaften, der Verwandlung und des Außer-sich-Seins. Er bringt den Wahnsinn über die Menschen. Er beherrscht unter den Göttern das größte Reich: die Natur und den Menschen. Ariadne, Tochter des kretischen Königs Minos, half einst Theseus aus dem Labyrinth und floh mit ihm nach Naxos, wo Dionysos sie fand. Die Begegnung mit dem Gott wurde zu einer immerwährenden Liebesverbindung.

2a

Zeus Herakles Athena

2b

Hephaistos Poseidon Hermes

Kampf der Götter und Giganten

Giganten sind von riesenhaftem Wuchs, aber dennoch nicht mit den Riesen verwandt. Sie sind Erdwesen, ihre Mutter ist Gaia, die Erde, so heißen sie auch »Erdgeborene«. Zeus hatte einst die Mutter Erde von ihrer Macht verdrängt, als er sich zum Herrn der Welt erhob. Aber die Erde, viel älter als Zeus, hat ihren Machtanspruch nie aufgegeben. Um die Macht wiederzuerringen, schickte sie ihre Söhne in die große Schlacht gegen die Götter.

In der Ebene von Phlegra begegnen sich Götter und Giganten (Abb. 2a, b). Die Giganten sind gerüstet wie sterbliche Krieger, mit Helm, Panzer und Beinschienen; sie kämpfen mit Lanze, Schwert und Schild. Die Götter treten mit ihren göttlichen Waffen an: Zeus mit dem Blitz, Poseidon mit dem Dreizack und einem riesigen Felsblock, Dionysos mit dem Thyrsosstab, Athena mit der Lanze, Hephaistos geht mit seinem Schmiedewerkzeug in den Kampf, mit der Zange und glühenden Kohlen, oder er schleppt den Blasebalg herbei und pumpt Feuerbrände in die Reihen der Kämpfer; andere Götter greifen zum Schwert. Ein Orakel hatte verkündet: Die Götter werden siegen, wenn der Halbgott Herakles ihnen hilft. Mit Bogen und Keule steht Herakles in der Schlacht neben Zeus, zusammen mit der Zeus-Tochter Athena, der hervorragendsten Gigantenkämpferin.

Die Vorstellung von den himmelstürmenden Giganten hat ein Maler von dem Schlachtfeld in der Ebene an den Götterberg Olymp verlegt (Abb. 3). Über dem Himmelsbogen, auf der Kuppe des Olymp, stehen die Götter. Die

3

Selene Enkelados Porphyrion Gaia Helios

Erdmächte stürmen den Berg hinauf. Felle sind ihr Gewand, Feuerbrände und Felsblöcke, gebrochen am Berg selbst, ihre Waffen. Ihr Anführer ist Porphyrion, der König der Giganten. Zeus' wahre Gegnerin ist Gaia, die auftaucht, um ihren Rechtsanspruch auf die Erde zu bekunden. Für der Mutter altes Reich kämpfen ihre Söhne.

Nicht am frühen Morgen hat der Kampf begonnen, wenn der Sonnengott Helios mit seinem Gespann aus dem Ringstrom, der die Erdscheibe umgibt, auffährt, seine Bahn am Himmelsbogen nimmt und drüben die Mondgöttin Selene auf dem Reittier in den Ringstrom hinabtaucht. Die Gestirngottheiten bezeugen, daß eine Schlacht im Gange ist, in der es um den Besitz der Welt geht. Noch ist die Schlacht nicht entschieden. Die Erdmächte drängen nach oben, um den Sitz der Götter auf dem Olymp zu erstürmen. Der Berg wird zum Ort ihres Untergangs. Sie können nicht siegen. Das Zeitalter der Mutter Erde ist vorüber, wenn sie auch die Allmutter und Urgrund der Welt bleibt. Die neuen Götter unter Zeus sind die Herrscher über die Erde. Zeus wird die Giganten in den Tartaros werfen, der noch viele Klafter tiefer liegt als des Hades Reich. Dort unten harren sie. Als im Jahre 79 n. Chr. der Vesuv glühende Asche und Lava ausspie, glaubten die Menschen, die Giganten kehrten wieder.

Typhon, das Ungeheuer aus dem Tartaros

Tief unter der Erde liegt ein Ort, wohin kein Sonnenstrahl dringt und ewig Nacht ist. Der Ort heißt Tartaros. Dort haust ein urweltliches Ungeheuer. Typhon ist sein Name, ein bärtiges Wesen mit Schlangenfüßen und Flügeln. Aus seinem Leib züngeln hundert Schlangen, die Augen sprühen Feuerzungen, sein Maul stößt beständig Flammen und Qualm aus. Typhon schreit mit vielen schrecklichen Stimmen, die bald der eines Gottes gleichen, bald dem Brüllen eines wütenden Stieres oder eines grimmigen Löwen, dann wieder sich wie das Bellen eines gereizten Hundes oder wie schrilles Gepfeife anhören.

Zeus geht mit dem Blitz auf das Ungeheuer los (Abb. 4–6). Typhon hat keine Waffen, um den Blitzstrahl des Zeus abzuwehren, als die Ausgeburten seines Körpers. Die Erde und alle Lebewesen geraten in Aufruhr, wenn er erscheint. Und wenn Zeus und Typhon miteinander kämpfen, dann erzittert das Himmelsgewölbe, das Meer tobt, die Erde dröhnt und bebt bis in den Grund, daß selbst der Tartaros und der Unterweltgott Hades in Angst und Schrecken geraten. Zeus wird Typhon mit seinem Feuerbündel niederstrekken, und das Ungeheuer wird nach heftigem Kampf zusammenstürzen,

4

Zeus Typhon

5

Zeus Typhon

doch vernichten kann Zeus Typhon nicht, denn er ist ein Titanenwesen, das vor ihm da war. Zeus wird Typhon in den Tartaros werfen, in den tiefsten Abgrund unter der Erde, so tief unter dem Hades, wie der Himmel über der Erde liegt. Neun Tage und neun Nächte würde ein eherner Amboß vom Himmel zur Erde brauchen und am zehnten Tag ankommen, abermals neun Tage und neun Nächte fallen, bis er am zehnten Tag im Tartaros aufschlägt. Dort, im Titanengefängnis, lebt Typhon weiter. Von Zeit zu Zeit rührt er sich; dann bebt die Erde, die Erdkruste bricht auf, und aus der Tiefe schleudert er Felsbrocken an die Oberwelt. Qualm dringt herauf, Feuerflüsse strömen aus seinem Feuermaul, Glutwind läßt die Erde schmelzen.

6

Zeus Typhon

7 

Satyrn Prometheus Satyr

Prometheus holt das Feuer aus dem Olymp

Prometheus stammt aus dem Geschlecht der Titanen, das lange vor Zeus schon war. Sein Name heißt soviel wie »der Voraussinnende«; sein Blick war in die Zukunft gerichtet. Ein Freund der Menschen, lehrte er sie viele nützliche Dinge: Hausbau und Metallschmelze, Opferschau und Seherkunst, Mathematik und Schrift, den Gang der Gestirne; er soll sogar den Menschen aus Erde gebildet haben. Und das höchste Geschenk an den Menschen: Er nahm ihm die Furcht vor dem Tod, indem er ihm die Hoffnung gab. Zeus, der neue Herr, war damals den Menschen nicht gewogen, im Gegenteil, er erschwerte ihnen ihr Dasein. Und als Zeus sogar die Absicht hatte, das Geschlecht der Menschen auszuwechseln gegen ein vollkommeneres, da trat Prometheus auf ihre Seite: Er stahl das Feuer aus dem Himmel, versteckte es in einem Narthex-Rohr und brachte es den Menschen. Auf dem Weg zur Erde begegnen ihm Silene, die ihn umtanzen und neugierig, wie sie sind, den Narthex-Stengel bestaunen und auch betasten, um ihn zu erproben (Abb. 7). Als sie sich schließlich die Finger verbrennen, ziehn sie jammernd ab.

Dem Zeus war Prometheus ein gefährlicher Gegner, denn er wußte um das Geheimnis, das den Sturz des Zeus zum Inhalt hatte: Wenn nämlich Thetis dem Zeus einen Nachkommen gebären würde, so wäre dieser stärker als sein Vater. Prometheus hat das Geheimnis nicht verraten. Auf die Frage des Zeus, wer denn die Frau sei, die so tief in sein Leben eingreifen könne, antwortete der Titan nicht.

Als zu Mekone Götter und sterbliche Menschen sich trafen, beschlossen sie, sich friedlich zu trennen. Die Menschen anerkannten den höheren Rang der Götter und brachten ihnen das erste Opfer dar. Die Frage aber blieb offen, welchen Teil des Tieres die Götter und welchen die Menschen bekämen. Da griff Prometheus ein: Zum Schiedsrichter bestellt, schlachtete er einen Ochsen und zerlegte ihn. Nun sollten die Anteile vergeben werden. Die Knochen wickelte er in Fett ein und zog darüber die täuschende Haut; das Fleisch füllte er in den Magen. Zeus griff nach dem glänzenden Hautbündel, in dem er die besten Stücke vermutete. Als der Betrug aufkam, geriet Zeus in solche Wut, daß er Prometheus und den Menschen Rache schwor.

Prometheus verbüßt seine Strafe am Kaukasusfelsen

Weil Prometheus dem Menschen geholfen hatte, mußte er qualvolle Leiden auf sich nehmen. Auf Geheiß des Zeus erschienen seine Schergen Zwang und Gewalt, die den Titan in das Felsengebirge des Kaukasus brachten. Hephaistos schlug ihn dort mit schweren eisernen Ketten an den steilen Felsen, auf daß er für immer dort angeschmiedet bleibe. Hephaistos fiel es nicht leicht, das Gebot des Zeus zu vollstrecken und den Titan anzuketten,

8

Herakles Prometheus Adler

waren sie doch im Feuerhandwerk nah verwandt. Täglich kam ein Adler und zerhackte dem Prometheus die Leber, die nachts wieder nachwuchs.

Prometheus haßte Zeus bis in den Grund seines Daseins, und dafür mußte er leiden: Schmach in den Ketten, Pein des zerhackten und gequälten Leibes ohne Ende, der Glut der Sonne ausgesetzt, den Stürmen der Bergesschluchten preisgegeben. Okeanos wollte zwischen Prometheus und Zeus vermitteln, der Titan lehnte ab. Da stiegen des Okeanos Töchter auf, um dem Geschundenen wenigstens Trost zu bringen. Eines Tages erscheint Herakles und schießt mit seinen Pfeilen den Adler ab (Abb. 8).

Zeus warf den befreiten Titan in den dunklen Hades. Dort blieb er, bis der Kentaur Chiron freiwillig seine Unsterblichkeit für Prometheus hingab und in den Hades ging.

Pandora bringt den Menschen Übel, Plagen und Krankheiten

Zeus' grausame Rache galt seinem Erzfeind Prometheus, dem Freund und Helfer der Menschen. Aber auch der Mensch entkam dem Zorn des Zeus nicht. Um ihn für die Gabe des Feuers zu strafen, befahl er dem Hephaistos,

9

Athena Pandora Hephaistos

eine Frau aus Erde zu formen. Athena mußte dem Gebilde Leben einhauchen, Aphrodite ihm Schönheit und Anmut verleihen und Hermes List und Verschlagenheit eingeben. Hephaistos und Athena vollbringen ihr Werk (Abb. 9); Aphrodite und Hermes taten, was ihnen Zeus aufgetragen hatte. Pandora, das unselige Weib, ging zu den Menschen mit einem Krug, in dem alle Übel, Plagen und Krankheiten und die Hoffnung eingesperrt waren. Da hebt sie den Deckel: Krankheit und Übel schwärmen aus, doch als die Hoffnung entfliehen will, klappt sie den Deckel zu. Einst lebten die Menschen in einem paradiesischen Dasein. Pandora bringt die Wende. Durch sie kommen Übel, Plagen und Krankheit in die Welt.

Die Geburt der Athena aus dem Haupt des Zeus

Athena ist keine von der Mutter Geborene. Sie konnte nur aus dem Haupt des Zeus, dem Sitz der Weisheit, geboren werden. Von dort nimmt sie alle Eigenschaften mit in ihr Götterdasein: die Besonnenheit, die Gabe des klugen Rates und der Erfindungen. Sie wird in Waffen geboren, ist also auch Göttin des Kampfes, aber nicht wie Ares wild und mörderisch, sondern besonnen: Entsprungen dem Haupt des Vaters, hat sie etwas Männliches in ihrem Wesen.

10

Helferin Zeus/Athena Hephaistos

Auf einem Stuhl sitzt Zeus mit dem Blitz in der Hand (Abb. 10). Eine Hebamme hat zwischen ihm und der Stuhllehne ein kleines Polster eingeschoben, damit er aufrecht sitzen kann, wie die Situation es erfordert. Hephaistos mit der Doppelaxt verläßt grüßend den Schauplatz: Er hat seine Aufgabe getan und dem Zeus den Kopf gespalten. Das Wunder geschieht: Athena steigt in voller Waffenrüstung aus dem Haupt des Zeus empor, hebt Lanze und Schild. Viele Götter sind bei dem großen Ereignis anwesend: Dionysos, Hermes, Ares, Apollon mit der Kithara, natürlich Hephaistos, Hebammen, die den Dienst versehen (Abb. 11).

Das Ereignis der Geburt Athenas hat unter den Göttern des Olymp großes Staunen hervorgerufen: Der Olymp erbebte, die Erde dröhnte, die Wellen des Meeres wuchsen; selbst der Sonnengott soll seine Reise unterbrochen haben, so gewaltig und ungewöhnlich war das Ereignis.

11

Dionysos Hephaistos Hermes Helferin Zeus/Athena Helferin

Die Geburt des Erichthonioskindes

Als die Zeit gekommen war, wurde auf der Akropolis von Athen Erichthonios geboren. Die Mutter Erde steigt auf mit dem Knaben in ihren Armen und übergibt ihn Athena, sie soll den Knaben aufziehen (Abb. 12). Athena hat die Ägis mit dem Gorgohaupt auf den Rücken geschoben, damit das Kind sich nicht fürchtet. Anwesend sind der alte, schlangenfüßige Burgkönig Kekrops, einer der Anherrn der attischen Könige, Hephaistos, von dem man sagt, daß er der Vater des Erichthonios sei, und Herse, eine der drei Töchter des Kekrops. Es ist ein inniges Ereignis, wie Gaia den Knaben hält, wie das Kind die Arme zu Athena ausstreckt, die den Königssohn von der Akropolis zu sich nimmt, der nicht aus dem Schoß einer Mutter, sondern aus Gaia geboren wurde.

12

Kekrops Gaia/Erichthonios Athena Hephaistos Herse

»Des Hauses Gold«, »des Hauses Schatz« nannte man die Kinder. Athena legte den Knaben in einen von Schlangen bewachten Korb und vertraute ihn den drei Kekropstöchtern Herse, Aglauros und Pandrosos an mit dem Verbot, den Korb zu öffnen. Aglauros und Herse konnten ihre Neugierde nicht zähmen. Als die Mädchen den Korbdeckel öffneten und einen Knaben mit Schlangenfüßen darin liegen sahen, traf sie der Anblick so schrecklich, daß sie in Wahnsinn fielen und sich den Burgfelsen hinabstürzten.

Persephones Wiederkehr aus der Unterwelt

Der griechische Mythos kennt kein innigeres Verhältnis als das zwischen Demeter und ihrer Tochter Persephone-Kore. Kore heißt »Tochter der Mutter«. Sie ist ihrer Mutter Ebenbild. In Eleusis, am Ort der Mysterien, sind sie Hüterinnen der heiligen und geheimnisvollen Male. Sie haben hohe Namen, heißen »Ehrwürdige Herrinnen« und »Große Göttinnen«. Sie sind auch Göttinnen der Fruchtbarkeit und des Gedeihens. Demeter ist die Kornmutter, Persephone das Kornmädchen.

Als Kore einst mit Freundinnen auf einer Wiese spielte, ließ Hades eine große und schöne Blume wachsen. Kore langte nach ihr, um sie zu pflücken, da tauchte Hades aus der Tiefe auf, packte das Mädchen und fuhr mit ihm auf seinem Wagen in seinen unterirdischen Palast. Sie sollte für immer bei ihm bleiben. So gab er ihr einen Granatapfel zu essen, damit sie Eleusis und die Oberwelt vergesse.

Demeter, die ihre Tochter nicht fand, war untröstlich. Neun Tage irrte sie durch die Lande, ohne zu essen und zu trinken. Ermüdet ließ sie sich auf einem Stein am Stadtbrunnen von Eleusis nieder. Der Kummer hatte sie zur alten Frau gemacht. Die Natur war erstorben, die Flur verödet, die Erde ausgetrocknet und unfruchtbar. Als Helios auf seiner Bahn über Eleusis stand und tief unten auf einem Stein die trauernde Demeter sitzen sah, wurde er von Mitleid erfaßt und sagte der Mutter den Ort, wo die Tochter sich aufhielt. Auch Zeus war bekümmert vom Schmerz der Göttin und schickte Hermes in die Unterwelt mit der Bitte an Hades, er möge Kore wieder freigeben. Es kam zum Vergleich: Persephone sollte einen Teil des Jahres in der Unterwelt weilen, die beiden anderen Teile an der Oberwelt. Zeus und Hades waren einverstanden: Im Winter, wenn die Felder abgeerntet sind und die Nebel sich über die Fluren breiten, wenn der Boden sich zu erneuern beginnt, wenn die Frucht in der Erde ruht, um neu zu keimen, ist Persephone in der Unterwelt. Wie die Natur blüht, stirbt und wieder aufblüht, so ist fortan ihr Lebensrhythmus: Die Göttin kommt, geht und kommt zurück.

Die Erde hat sich geöffnet (Abb. 13): Im nächtlichen Schein der Fackeln steigt Kore aus der Erdtiefe empor. Hermes hat sie geleitet und ist zur Seite getreten. Keine Handlung ist im Bild. Kore ist auf die Mutter bezogen. Demeter hat die Tochter wieder – das ist der Inhalt des Bildes.

13

Kore Hermes Hekate Demeter

Hochzeit von Peleus und Thetis auf dem Pelion

Auf der Insel Ägina lebte ein Mann, den Zeus sehr liebte, weil er fromm und gerecht war. Er hieß Aiakos und hatte drei Söhne. Als Phokos, einer der drei, beim Diskuswurf durch Unachtsamkeit ums Leben kam, mußten die Brüder Telamon und Peleus außer Landes gehen. Telamon ging auf die Nachbarinsel Salamis, Peleus wanderte nach Thessalien aus und ließ sich im Peliongebirge unterhalb des Gipfels nieder. Die Leute verehrten ihn sehr. Er galt als ein Mann des höchsten Erdenglücks. Eines Tages warb er um die Hand der Thetis, die eine Tochter des alten Meergottes Nereus war. Thetis willigte lange nicht ein; immer wieder entzog sie sich, indem sie ihre Gestalt wechselte: Mal war sie ein Löwe oder Drache, mal eine Schlange oder ein Feuer. Schließlich gab sie Peleus doch das Ja-Wort. Auch Zeus und Poseidon hatten um ihre Hand angehalten. Aber als ihnen prophezeit wurde, wenn einer von ihnen Thetis zur Frau nähme, werde sie einen Sohn gebären, der noch stärker wäre als sein Vater und seine Waffe noch schrecklicher als Blitz und Dreizack – da verzichteten sie und gaben Thetis dem Peleus zur Frau.

Auf dem Pelion haben sich die beiden ein schönes Haus gebaut. Es hat zwei Holzsäulen mit dorischen Steinkapitellen an der Front, einen Fries mit Triglyphen und Metopen, die Wände sind weiß getüncht, die Pfeiler haben Muster, die Türen Bronzebeschläge. Als der Hochzeitstag nahte, lud das Brautpaar die Götter zur Hochzeitsfeier. Die Götter sagten zu und gaben den Neuvermählten die Ehre, mit ihnen an der Tafel zu sitzen und zu schmausen.

Der eine Flügel der Haustüre steht offen (Abb. 14a). Thetis, im festlichen Gewand, sitzt im Haus, wie es sich gehört, und erwartet die hohen Gäste. Peleus, Freund der Götter, ist vor das Haus getreten und empfängt die Gäste am Hausaltar. Die Götter des Olymp, des Meeres und des weiten Erdenrunds nehmen an der Feier teil. Auch niedere göttliche Wesen sind der Einladung gefolgt: Zeus hat offenbar seine Einwilligung gegeben. Die Horen, die Nymphen, die Musen, die Chariten, die Moiren, sie schreiten zu Fuß als Begleiterinnen der mächtigen Götter, die zu Wagen fahren. Alle tragen sie schöne Kleider mit vielen eingewebten Mustern: Gespanne, Reiter, Flügelpferde, Sterne, Rosetten. Die Pferde sind aufgezäumt und gestriegelt, die Stirnhaare und Schweife aufgebunden. Es sind schnelle Pferde mit gelenkigen Beinen und schmalen Fesseln. Stolz heben und senken sie die Köpfe. Der Maler hat allen Gästen Namen beigeschrieben – nicht für die »Ungebildeten«. Die Griechen kannten ihre Götter an der Haltung, an ihren Gesten und Attributen. Es ist das sechste Jahrhundert, die gesprächige, erzählende, daseinsfreudige Zeit, da durften die Namen nicht fehlen.

An der Spitze des Zuges geht die jugendliche Göttin Iris, Botin aus dem Kreis der Hera. Sie trägt ein kurzes Gewand, um recht beweglich zu sein.

14 a

Zeus Hera | Urania | Kalliope | Horen | Dionys

Athena Hebe | Doris Nereus | Artemis Apollon | Chariten

Hephaistos | Okeanus | Tethys

stia Chiron Altar Peleus Thetis
meter Iris

Ares Polyhymnia Erato Amphitrite Melpomene Klio
Aphrodite Terpsichore Poseidon Euterpe Thalia

Hermes/Maja Moiren

Neben ihr eine seltsame Gestalt, halb Mensch, halb Pferd: Es ist Chiron aus dem Geschlecht der Kentauren, jener wilden Bergbewohner, die übermäßig trinken und ausfallend werden zu Gästen. Chiron, anders als seine Artgenossen, ist edel und weise, ist Jäger, Apotheker und Erzieher in einer Person. Chiron geht mit Iris an der Spitze des Zuges als enger Freund und Nachbar der Neuvermählten auf dem Pelion, seine Wohnhöhle liegt gleich in der Nähe des Peleus-Hauses. Die Freunde begrüßen sich mit Handschlag. Chiron hat auch etwas mitgebracht: drei erlegte Hasen, an einem Stock aufgehängt, den er auf der Schulter trägt. Hinter ihm schreiten ehrwürdige Göttinnen: Demeter von Eleusis, die die Geheimnisse der Mysterien hütet und das Korn wachsen läßt; Hestia, Göttin des Herdfeuers und Beschützerin der häuslichen Gemeinschaft und aller Gäste des Hauses. Mit Demeter geht die Nymphe Charyklo. Ihnen folgt ein Einzelgänger im langen Gewand, sein Gesicht, einer Maske gleich, schaut aus dem Festzug: Es ist Dionysos, der die Weinrebe wachsen läßt. Auch er bringt ein Geschenk: einen großen Krug mit Wein. So ist zunächst für Essen und Trinken gesorgt. Soweit die Vorhut des Zuges.

Die hohen Gäste, sie fahren zu Wagen. Zwei Deichselpferde und zwei Begleitpferde bilden ein Gespann. Drei Horen gehen vor dem Wagenzug: Es sind die Göttinnen der Zeit, die das Tor des olympischen Palastes hüten und aufschließen, wenn Zeus heimkehrt. Zeus steht auf dem ersten Gespann mit seiner Frau Hera und hält die Zügel. Er hat es sich nicht nehmen lassen, selber bei der Feier dabeizusein. Das schönste Blitzbündel hat er aus der Truhe genommen und hält es auffallend vor sich, als wolle er sagen: »Ich bin Zeus.« Hera hat ihren Sonntagsstaat angelegt. Neun Musen, Töchter des Zeus und der Erinnerung, Göttinnen des Liedes, schreiten neben den drei ersten Göttergespannen. Sie sind aus Pierien in Thessalien und vom Musenberg Helikon in Böotien herbeigeeilt, um das Brautlied zu singen. Zusammen mit den Horen und Chariten werden sie bei der Hochzeit musizieren, singen und tanzen. Die Musen Kalliope und Urania gehen neben dem Zeus-Wagen.

Es folgt das Gespann des Poseidon, Bruder des Zeus. Seine Frau Amphitrite, ein Meermädchen und Tochter des Meergreises Nereus, fährt mit ihm. Die Musen Thalia, Euterpe, Klio und Melpomene begleiten seinen Wagen. Die beiden Götter sieht man nicht, sie fahren eben durch die Henkelzone, aber ihre Namen sind beigeschrieben. Hades, der dritte Bruder, fehlt; seine Anwesenheit wäre auch nicht sinnvoll am Beginn eines neuen Lebensabschnitts. Den Wagen mit dem Kriegsgott Ares und Aphrodite verdeckt wieder die Henkelzone, nur ihre Namen sind zu lesen. Die Musen Terpsichore, Erato und Polyhymnia begleiten ihren Wagen.

Die Götter halten sich streng an die Rangordnung. Der älteren Generation folgt die jüngere. Apollon und Artemis auf dem Wagen werden be-

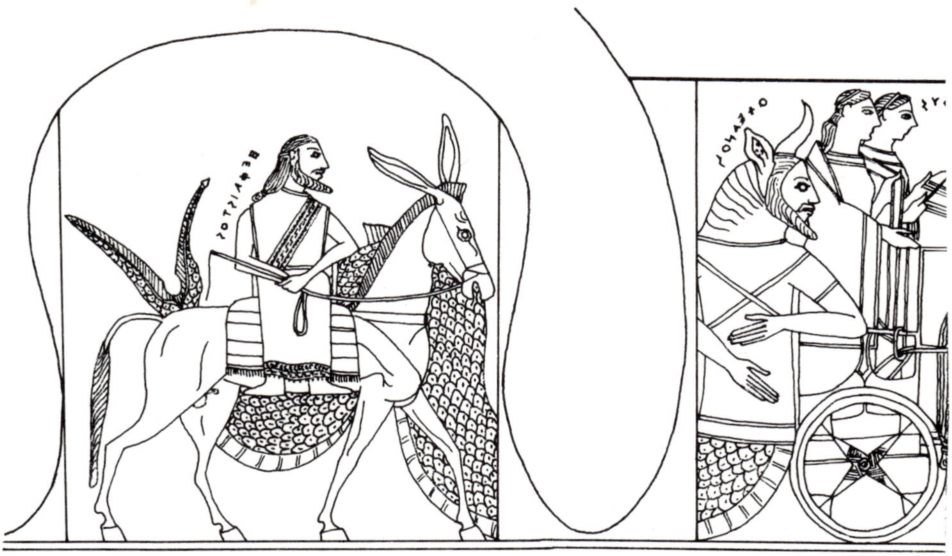
14 b

Hephaistos Okeanos

gleitet von den Chariten, den Göttinnen der Anmut. Neben Athenas und Hebes Wagen gehen der Meergreis Nereus im weißen Haar und seine Frau Doris. Sie haben allen Grund dabeizusein, denn die Braut ist ihre Tochter. Nereus und Doris schauen zurück zu ihren Meeresverwandten, zu Tethys und Okeanos, die weiter hinten folgen. Es kommt der Wagen des Hermes und seiner Mutter Maja. Moiren begleiten das Gespann: Klotho, die des Menschen Lebensfaden spinnt, Lachesis, die ihn zuteilt, und Atropos, die ihn abschneidet, wenn die Erdenzeit des Menschen vorüber ist. Eingefunden hat sich auch eine vierte Moira, ohne Namen und Aufgabe. Vom letzten Gefährt fehlt ein großes Stück. Auf dem Wagen stand wahrscheinlich Tethys und eine verwandte Gottheit. Die Wagenbegleiterinnen werden Meeresnymphen sein. Neben einem stiernackigen Kopf mit Horn und langen, spitzen Ohren steht der Name Okeanos geschrieben. Er ist ein Gott noch aus dem Geschlecht der Titanen, die vor der Zeus-Generation und lange vor den übrigen Festteilnehmern geboren wurden. Okeanos ist der Weltenstrom, der um die Erdscheibe fließt. Alle Flüsse und Quellen kommen aus ihm und gehen zu ihm. Der lange Fischschwanz, der bis zum Ende des Zuges reicht, gehört zu ihm. Wie bei allen Umzügen und Prozessionen bilden die Fußschwächeren den Schluß des Zuges als Nachhut – sie folgt »ohne Tritt hinterdrein« (Abb. 14b). Ein Fischleibiger tut sich natürlich schwer, auf dem Land zu gehen. Der hinkende Schmiedegott Hephaistos reitet auf dem Maultier; ein besticktes Satteltuch auf dem Rücken des Tieres macht ihm das Sitzen bequemer. Zu den Zügeln hat er noch die Peitsche. Er wird sie gebrauchen, denn Maulesel sind oft störrisch und schwer in der Reihe des Zuges zu halten.

Das Gefäß überliefert uns auch die Namen von Töpfer und Maler: Unter den Köpfen der Zeus-Pferde steht: »Ergotimos hat es gemacht.« Und Klitias hat seinen Namen über den Hausaltar gesetzt und dazugeschrieben, daß er es bemalt hat. Ein Wunderwerk ist dieser Mischkrug mit den vielen Darstellungen; keine Fläche ist leer, auch die Henkel nicht. Klitias war ein Meister der Erzählung: Der Festzug zur Hochzeit auf dem Pelion (S. 23), Hephaistos' Einzug in den Olymp (S. 30), Troilos' Abenteuer (S. 111), die Ankunft des Theseus-Schiffes auf Delos (S. 80), Meleagers Eberjagd, der Kentaurenkampf, das Wagenrennen, der Tierfries, der Kampf der Kraniche und Pygmäen auf dem Fuß des Gefäßes (S. 102) – sie alle bezeugen die Fülle seiner Einfälle. Alles war ihm wichtig: die Bewegungen der Figuren, die Gewänder, die Muster, die Mähnen der Pferde. Keiner der Teilnehmer ist namenlos, auch dies gehört zur Sprache dieses Malers der archaischen Zeit. Man muß seine Bilder nacherzählen, so wie er sie gemalt hat: von einer Figur zur anderen.

Dionysos fährt übers Meer und bringt die Rebe

Ein Schiff gleitet über das weinrote Meer (Abb. 15). Der Fischkopf am Bug durchschneidet die Wellen, das Heck rollt sich zum Vogelkopf ein. Zwei Steuerruder, der Steuermann fehlt. Das Schiff folgt dem Willen des Gottes, der es sich im Rumpf bequem gemacht hat. Es ist Dionysos mit einem Weinblätterkranz im Haar und einem Trinkhorn in der Hand, auf der Reise unterwegs nach Attika. Am Mast wächst ein Weinstock empor und überschattet mit seinen Zweigen und den reifen schweren Trauben Segel und Schiff. Das Schiff hat auch einen Namen, der nicht mit Buchstaben angeschrieben ist; aber ein kleiner Delphin ist aufgemalt: das Schiff heißt Delphin. Delphine folgen, wie sie es gerne tun. Die Fahrt geht nach Attika zu Ikarios, der im Dorf Ikaria lebt. Ihm wird der Gott die Rebe übergeben. Als die Bauersleute von dem Wein tranken und im Kopf sich wirr fühlten, glaubten sie sich vergiftet. Was anfangs auch geschah, bald erkannten sie, daß es ein Göttertrank war, das Geschenk des Dionysos, vom Erzeuger selbst überbracht.

Voraus ging ein gemeiner Überfall, der dem Gott beinahe den Tod oder die Knechtschaft gebracht hätte. Als Dionysos auf einer Felsklippe an der Küste des Meeres im Glanz schwarzer Locken und im purpurnen Mantel erschien, hielten vorüberfahrende Seeräuber ihn für einen reichen Königssohn und brachten ihn auf ihr Schiff. Dort versuchten sie, ihn mit Weidenruten zu binden. Als die Fesseln immer wieder abfielen, mahnte der einsichtige

15

Dionysos

Steuermann: »Freunde laßt ab von eurem Tun, der Fremde ist ein Gott.« Sie aber gaben nichts auf die Worte des Steuermanns und fuhren mit ihm auf das offene Meer. Da begaben sich seltsame Dinge. Sie trauten ihren Augen nicht, als ein Weinstock am Mast emporwuchs und aus dem Schiff Wein in Fülle sich in das Meer ergoß. Und als der fremde Mann gar die Gestalt eines Löwen annahm und dazu noch ein Bär auftauchte, bekamen die Seeräuber Angst und sprangen ins Meer. Als sie auftauchten, waren sie Delphine.

Wie der Schmiedegott Hephaistos auf den Olymp gebracht wurde

Die Griechen hatten viele Götter; alle waren sie wohlgeraten, nur Hephaistos nicht, der Sohn der Göttin Hera. Er kam mit einem lahmen Fuß auf die Welt. Darüber war die Mutter sehr erbost und schickte ihn auf gar unfreundliche Weise vom Olymp weg auf die Erde. Einen Tag lang fiel er vom Olymp, bis er auf der Insel Lemnos ankam. Hephaistos ist Schmied geworden. Die Leute verehrten ihn als Gott der Schmiede und aller Handwerker. Er war klug, hatte eine geschickte Hand und war ein Meister in seinem Fach. Und so bekam er viele Aufträge: Götter ließen sich von ihm ihr Haus bauen und einrichten; vor allem war er als Waffenschmied berühmt.

Eine Geschichte aus seinem Leben: Er wollte sich mit der lieblosen Verschickung aus dem Olymp nicht abfinden. Er konnte ja nichts dafür, daß der eine Fuß nicht gerade gewachsen war. Da kam ihm ein listiger Einfall: Er verfertigte einen schön verzierten Thron und schickte ihn seiner Mutter als Geschenk auf den Olymp hinauf, wo das Kunstwerk begeistert aufgenommen wurde. Aber es war ein Zauberthron mit unsichtbaren Fesseln. Als sich Hera auf ihn setzte, konnte sie nicht mehr aufstehen. Vielleicht tat es der Sohn aus Rache, vielleicht wollte er der Mutter nur einen Streich spielen. Jedenfalls war die Aufregung unter den anwesenden Göttern groß. Ein jeder machte einen Versuch und gab Ratschläge. Keinem gelang es, die Fesseln zu lösen. Sogar der Kriegsgott Ares hatte seine wilden Kräfte eingesetzt, doch

16

vergebens. Nur der Stifter selbst konnte das. Aber wie brachte man den Erbosten in den Olymp? Freiwillig kam er nicht. Da hatte Dionysos, der Gott des Weines, einen Einfall: nämlich Hephaistos betrunken zu machen und ihn so in den Olymp zu schaffen.

Eines Tages ist es soweit, da heben sie den angetrunkenen Schmiedegott, seiner Sinne nicht mehr mächtig, auf einen Maulesel und ziehen gegen den Olymp (Abb. 16). Dort sind die Götter versammelt; sie diskutieren noch, wie man Hera lösen könnte. Hinter ihrem Stuhl hockt Ares in voller Waffenrüstung, wütend über sein Versagen. Nur Zeus ist ruhig und unberührt von der Throngeschichte. Und Hera? Sie kann sich sowieso nicht rühren. Da nähert sich ein seltsamer Zug dem Olymp. Aphrodite ist aus dem Palast getreten, auch Zeus hat die Gesellschaft schon erblickt. Voran schreitet Dionysos, den Maulesel am Halfter ziehend. Das Tier hat die Ohren aufgestellt und trägt den göttlichen Schmied mit dem lahmen, nach hinten gedrehten Fuß. Und hinterdrein gehen merkwürdige Gestalten, die aussehen wie Waldteufel, halb Mensch, halb Tier, mit spitzen Ohren, Pferdebeinen und Pferdeschwanz. Es sind Silene, Geister der wilden Natur und Gefolgsleute des Dionysos. Hinter dem Maultier schleppt ein Silen auf seinem gekrümmten Buckel einen Schlauch aus Ziegenleder mit Wein gefüllt. Er wird dem Gott Wein einflößen, falls dieser wieder nüchtern zu werden beginnt. Ein Flötist begleitet den Zug. Die Umgangsformen dieser halbtierischen Gestalten werden den Göttern die Sprache verschlagen haben; die Pferdehufigen werden ihnen erschienen sein, als kämen sie aus einem Land, wo niemand wohnt. Während Hephaistos sofort an die Arbeit am Thron

rodite Dionysos Hephaistos Silene Nymphe Silene

17

Satyrn Dionysos/Hephaistos

ging, um Heras Fesseln zu lösen, haben sich die Silene wohl rasch heimisch gefühlt, den verdutzt dreinschauenden Göttern auf die Schulter geklopft, ihnen zugeprostet und das Du angeboten. Tumultartig und selbstherrlich wird auch der Auszug aus dem Olymp gewesen sein, als Hephaistos mit der Arbeit fertig war. Angeberisch, wie Silene sind, haben sie beim Auszug laut verkündet, daß sie es waren, die die Fesseln am Thron zerschnitten.

Eineinhalb Jahrhunderte später sind Hephaistos und Dionysos wieder auf dem Weg in den Olymp (Abb. 17). Diesmal sitzen sie zu zweit auf dem Maultier. Der eine hat sich einen Efeukranz ins Haar gesteckt, der Schmied die efeubekränzte Handwerkerkappe übergezogen. Ein älterer Satyr geht mit der Doppelflöte dem Zug voraus. Ein Satyrknabe führt das Maultier am Strick und hält den Stab mit dem Efeubüschel, das Wahrzeichen des Dionysos, hoch erhoben. Ihm, als dem Jüngsten in der Satyrfamilie, war es zugefallen, mit dem Vortrage-Thyrsos vor den Göttern zu gehen. Eine nächtliche Szene, auch wenn man den schwarzen Hintergrund nicht wörtlich nehmen darf. In freier Luft, den Atem verhalten, ziehen sie dahin. Dionysos sinnend mit dem zweihenkeligen Trinkgefäß, Hephaistos mit der Schmiedezange, in der noch ein Stück Eisen steckt, streckt den rechten Arm nach vorne wie ein Angetrunkener, der etwas sagen will und dem die Worte nur mühsam und stockend von der Zunge kommen. Diesmal werden die Arbeiten am Thron friedlich und ohne Lärmen vor sich gegangen sein.

Hermes stiehlt die Rinder seines Halbbruders Apollon

Auf einem fahrbaren Gestell liegt, fest eingepackt in sein Mäntelchen, ein Knäblein (Abb. 18). Sein Kopf ruht auf einem kleinen Polster. Ein bärtiger Mann und eine jüngere Frau reden lebhaft auf eine ältere Frau ein. Offenbar ist ein Streit ausgebrochen mit gegenseitigen Beschuldigungen, daher die lebhaften bis heftigen und erregten Gesten der drei. Das Knäblein ist der Anlaß des Streites. Es muß etwas verbrochen haben, denn es rührt sich nicht – das ist verdächtig. Im Gebüsch stehen fünf Rinder, friedlich, wie es ihre Art ist, und warten auf den Hirten. Ein Hase ist erschreckt aus seinem Versteck ins Gebüsch gesprungen. Ein teilnahmsloses und unbekümmertes Knäblein, gestikulierende, zankende Personen und eine einsame Rinderherde – was ist los? Der Knabe hat mit den Rindern etwas verbrochen: Der Knabe ist Hermes im kindlichen Alter.

In einer schattigen Grotte in der Kyllene in Arkadien brachte Maja Hermes, ein kluges und pfiffiges, wendiges und verschlagenes Bürschlein zur Welt. Am Morgen geboren, erfand er am Mittag die Schildkrötenleier – als ihm nämlich eine Schildkröte über den Weg lief, kam ihm der Einfall, den Rücken des Tieres zum Klangkörper einer Leier zu verarbeiten; am Abend desselben Tages stahl er die Rinder seines Halbbruders Apollon, der in Pieria, im Norden Griechenlands, einen Gutshof unterhielt. Um den Besitzer zu täuschen und den Diebespfad zu verschleiern, ließ er die Tiere rückwärts gehen, die Hufe zeigten also in die falsche Richtung. Auf dem Weg zum Alpheios-Tal in der westlichen Peloponnes kam er in Böotien an einem Weinberg vorbei, in dem ein alter Winzer mit den Reben beschäftigt war. Der Weinbauer schüttelte verwundert den Kopf über den Hirten: Ein Knäblein als Viehtreiber, Tiere, die rückwärts gehen – das hatte er noch nicht erlebt. Sie kamen ins Gespräch. Bevor Hermes weiterzog, nahm er dem Weinbauern das Versprechen ab, nichts gesehen zu haben. Und so trennten sie sich voneinander, der Alte und der Knabe, schmunzelnd wie zwei Wissende.

Im Morgengrauen kam Hermes ins Alpheios-Tal und trieb die Rinder in das Buschwerk. Nach einem ausgiebigen Mahl mit saftigem Rinderbraten ging er heim in die Kyllene und schlich leise in die Grotte. In der schattigen Felsenhöhle setzt er sich in einen Korb, der aussieht, wie ein Filzschuh (Abb. 19a, b). Seine Mutter Maja, die sich schon zur Ruhe begeben hatte, hört ihren heimkehrenden Sohn. Sie steht auf, stemmt die Hand in die Hüften, wie es Frauen tun, wenn sie aufgeregt sind, und redet heftig auf den Knaben ein: »Woher kommst du zur nächtlichen Stunde? Bist ein richtiges Sorgenkind!« Der sitzt stumm in seinem Lager, als ginge ihn weder die gestikulie-

18

Rinderherde Maja Hermes Artemis Apollon

rende Frau noch die Viehherde etwas an. Aber dann läßt er doch seinen ganzen Groll aus sich heraus und erklärt der Mutter lautstark: »Wir sind Götter, sitzen den ganzen Tag in dieser dämmrigen Grotte. Wir müssen auch einen Besitz haben wie die anderen Götter. In Zukunft werde ich Kühe hüten als unser teures Gut. Sollte Zeus nicht zustimmen, so werde ich König der Räuber und Diebe und gehe nach Delphi und hole mir aus dem Tempel meines Halbbruders Apollon eherne Becken und Dreifüße.«

Apollon hatte den Diebstahl längst bemerkt und sich auf die Suche gemacht. Unterwegs traf auch er den alten Winzer bei der Arbeit im Weingarten: »Sag mir Alter, hast du keine Rinderherde vorbeiziehen sehen, fünfzig Stück an der Zahl, sie fehlen mir in meinem Gehöft, jemand hat sie mir gestohlen. Kam hier ein Viehtreiber vorüber?«, fragte ihn Apollon. Da langte sich der Alte nachdenklich an den Kopf. »Vieherde? Ach ja, ein Knäblein, ein Kind noch, mit dem Hirtenstab in der Hand, zog mit einer Viehherde vorbei. Mir fiel auf, daß die Tiere rückwärts gingen, die Hufe zeigten nämlich in eine andere Richtung, wie du an der Spur im sandigen Boden des Weges hier noch sehen kannst.« Da wußte Apollon, wer der schlaue Rinderdieb war, grüßte den Winzer und machte sich auf den Weg in die Kyllene. Als Hermes ihn kommen sah, schlüpfte er schnell wieder in den Korb. »Wo sind die Rinder?«, fragte ihn Apollon auf den Kopf zu. »Mir ist nichts bekannt«, sagte der Kleine. »Ich habe auch nichts erfahren oder gehört, ich bin kein Rinderhirte, bin doch erst gestern auf die Welt gekommen.« Sprachs, und rieb sich die Augen, als sei er mitten aus dem Schlaf gerissen worden. Er hatte allerdings vergessen, seinen Reisehut abzuneh-

19a

Rinderherde Maja Hermes

men. Da riß Apollon die Geduld; er packte Hermes am Ärmel und brachte ihn vor Zeus' Thron. Hermes gab auch jetzt seine Tat nicht zu, verwies auf sein Alter und die Windeln in seiner Hand. Zeus lachte über seinen Sohn, schüttelte den Kopf und dachte bei sich: »Oh Schlaumeier! So jung und schon durchtrieben wie ein Alter.« Dabei schaute er Hermes an und zwinkerte mit den Augen. Alle hatten verstanden. Hermes ging voran. Apollon fand seine Rinder wieder. Es waren freilich nur mehr achtundvierzig, zwei hatte der Kleine unterwegs geschlachtet und verspeist.

19b

Hermes im Schlafkorb

Herakles in seiner Jugend

Herakles war des Zeus berühmtester und liebster Sohn; seine Mutter Alkmene war eine Sterbliche. Als er noch in der Wiege lag, schickte Hera zwei Schlangen: Die eine sollte Herakles, die andere seinen Halbbruder Iphikles umschlingen. Herakles packte beide und nahm ihnen die Luft.

Die unteritalische Dichtung hat viel dazu beigetragen, aus Herakles einen Muskelmann und Gewaltmenschen zu machen. Er war kräftig, eher schlank als schwer im Körperbau, kein Abenteurer, aber mutig und zugleich gutmütig. Er war schlau und findig; das mußte er auch sein, denn er sollte im Laufe seines Lebens Untieren und Ungeheuern begegnen. Treu und willig führte er alle ihm aufgetragenen Arbeiten aus. Er war anhänglich an die Göttin

20

Iolaos Herakles Athena

21a

Herakles Amme

Athena, die ihn auf allen seinen Wegen begleitete. Mit Handschlag verabschiedet er sich von Athena und neigt ehrerbietig den Kopf, das gleiche tut sein Vetter und ständiger Begleiter Iolaos (Abb. 20).

Als Herakles noch ein Jüngling war, schickte man ihn zu dem bekannten Musiklehrer Linos, der ihn im Leierspiel unterweisen sollte. Die Amme bringt ihn zum Haus des Lehrers, wo Linos im Musikzimmer mit Iphikles das Leierspiel einübt (Abb. 21a, b). Gebückt vom Alter und auf den Stock gestützt, geht die Alte mit der Leier hinter Herakles her; so merkt sie nicht, daß ihr Schützling einen Pfeil auffällig in der Hand hält, was nichts Gutes verheißt. Der neue Schüler hat wenig Neigung zum Unterricht. Bald wird es Streit geben zwischen dem jähzornigen Schüler und dem Lehrer, mit schlimmem Ausgang für den alten Linos.

Als Herakles am Beginn seines Erdenlebens stand, begegneten ihm zwei Frauen: Die eine versprach ihm ein müheloses Leben mit Essen und Trinken und allem was das Leben an Lust zu geben hat, die andere Ruhm und Glückseligkeit, wenn er ein Leben mit Mühen und Beschwernissen auf sich nähme. Er entschied sich für den zweiten Lebensweg.

Die Argolis war Herakles' ursprüngliche Heimat. Dort herrschte sein Oheim Eurystheus als König auf der Burg von Mykene. Um sich zu bewähren, mußte Herakles für ihn zwölf Taten vollbringen. Sein Oheim

21b

Linos Iphikles

verlangte von ihm die Reinigung des Landes von schrecklichen Untieren. Schauplatz der meisten seiner Taten war die Argolis, dorthin zog es ihn immer wieder. Doch wurde er bald Heros von ganz Griechenland.

Herakles' Kampf mit dem Löwen von Nemea

In einer Höhle in den Bergen von Nemea, nicht weit von der Burg Mykene entfernt, hauste ein Löwe, der die ganze Gegend unsicher machte und den Menschen eine arge Plage war. Die Leute, die im Umland wohnten, hatten schreckliche Angst; selbst die Tiere zogen sich zurück, wenn der Löwe in ihre Witterung kam. Er war stärker und gewaltiger als sonst Löwen sind. Er stammte nicht von einer Löwin ab, sondern war ein Kind zweier Ungeheuer: des Orthros, eines vielköpfigen Hundes, und der Echidna, eines Schlangenwesens, das halb eine Frau war. Auf dem Weg nach Nemea kehrte Herakles bei dem armen Taglöhner Molorchos ein, der ihn gastlich bewirtete. Als der Alte erfuhr, wohin der Weg des Gastes führte und was er in

22

Iolaos Herakles und Löwe Athena

Nemea wollte, verriet er ihm, wie er das Untier bezwingen könne: »Dein Bogen und auch deine Keule und auch dein Schwert sind wirkungslos, du mußt den Löwen im Ringkampf bezwingen – er ist unverwundbar.« Mit dem Rat des Alten machte sich Herakles auf den Weg. Schon von weitem sah er das große gähnende, gefräßige Loch der Höhle in halber Höhe in der Bergwand von Nemea. Aber die Höhle hatte nicht einen, sondern zwei Eingänge. Den einen mußte er zustopfen, um dem Löwen den Fluchtweg zu nehmen. Viele Tage versuchte er das Tier aus der Höhle zu locken. Löwen sind auch ein wenig träge, anders als ihre Artgenossen, die Panther und Wildkatzen. So gingen dreißig Tage ins Land, bis der Löwe aus der Höhle kam. Als Herakles den Löwen sah, das dicke Fell und den wuchtigen Kopf, fielen ihm die Worte des Taglöhners ein, daß kein Pfeil in das Fell des Tieres dringen würde, jeder Keulenschlag auf dem harten Schädel wirkungslos sei. Und so vertraut er auf seine eigene Kraft und stellt sich ohne Waffen dem Löwen (Abb. 22). Er faßt mit der einen Hand das linke Hinterbein, mit der anderen den Körper im Untergriff. Der Stand des Löwen wird unsicher. Herakles wirft sich mit seinem Körpergewicht auf den Gegner, drückt ihn zu Boden und nimmt ihn in den Schwitzkasten. Als der auch jetzt noch nicht aufgibt, hebt Herakles ihn hoch (Abb. 23). Das Raubtier kann sich mit den

23

Athena — Herakles und Löwe — Iolaos

Hinterbeinen gerade noch auf Herakles' Schultern stellen, da greift Herakles ihm in den Rachen, geht in die Knie, um es auf den Rücken zu werfen.

Nachdem er den Löwen bezwungen hatte, zog Herakles ihm das Fell ab, legte es um seine Schultern und stülpte das Kopffell über sein Haupt. »Herakles im Löwenfell«, so kannte man ihn. Das Löwenfell war fortan seine Tracht. Der Held mit der Löwenstärke und sein Gewand sind eins. – Das war des Herakles erste Tat.

Herakles und das Ungeheuer Hydra in den Sümpfen von Lerna

Hydra war eine Wasserschlange, ein mörderisches Tier, das in einem Sumpfloch bei Lerna, nahe am Golf von Argos hauste: das schreckliche Kind des Typhon und der Schlange Echidna – ein Unwesen mit einem dicken quallenartigen, beweglichen, formlosen, mit Gift gefüllten Körper, der fünfzig, ja hundert Köpfe hatte, deren Mäuler beständig gefährliches Gift ausstießen.

24

Herakles Hydra Iolaos

Auch wenn sie schlief, ruhte das Gift nicht. Wer von einem Giftstrahl getroffen wurde, mußte sterben. Um dem Scheusal den Garaus zu machen, brach Herakles mit seinem Freund Iolaos zu den Lernäischen Sümpfen auf, zu Fuß oder mit dem Wagen, wie es eben paßte. Dort angekommen, schoß er zunächst mit brennenden Pfeilen in das Sumpfloch, um das Untier aufzuscheuchen. Als die Hydra erschienen war, näherte er sich und schnitt ihr mit einer Sichel die Hälse ab. Ein aussichtsloses Unternehmen: Für jeden abgeschnittenen Kopf wuchsen ein oder zwei Köpfe nach. Da schickt er Iolaos in den Wald, er soll Hölzer bringen und sie als Fackel herrichten. Kaum hat Herakles einen Kopf abgeschnitten, brennt der Freund sogleich mit Feuerbränden den Halsstumpf aus (Abb. 24).

Hera, die Feindin des Herakles, sah, daß das Ungeheuer in den letzten Zügen lag und mit dem letzten Atem Gift verspritzte, und sie schickte einen tückischen Riesenkrebs, der Herakles in die Ferse beißen sollte. So weit kam es nicht; mit einem Fußtritt war auch der Krebs erledigt. Als alle Köpfe abgeschnitten und ausgebrannt waren, strömte Gift und Blut aus dem Körper. In das Gemisch tauchte Herakles seine Pfeile. Eines Tages wird er sie brauchen. Dann kehrte er nach Mykene zu Eurystheus zurück. – Das war des Herakles zweite Tat.

Herakles und der Eber vom Erymanthos-Gebirge

In den Wäldern des Erymanthos, im Osten Arkadiens, hauste ein wilder Eber. Die Bauern klagten sehr über das Untier, das ihre Felder verwüstete, kaum, daß die Saat aufgegangen war. Der Eber ist von Haus aus ein reizbares und kämpferisches Tier, das furchtlos angreift und sich nicht zurückzieht; auch wenn ihm tiefe Wunden geschlagen sind und es dem Unterliegen nahe ist, weicht es nicht. Der Eber in den Erymanthos-Bergen war größer, mächtiger als jener, der sich im Wald von Eicheln oder Bucheckern nährt. Die Landleute waren dem Tier hilflos ausgeliefert, niemand konnte ihm den Garaus machen. Da schickte Eurystheus Herakles aus, der sollte den Eber einfangen und ihm lebendig bringen. Herakles machte sich auf den Weg, der von Argos nach Westen führt, bis an die Grenze von Arkadien. Dort stieß er in den Bergen auf den Eber. Mit wilden Schreien scheuchte er das Tier auf und reizte es zum Kampf. Der Eber flüchtete nicht, sondern ging, wie es seine Art ist, auf den Angreifer los: geduckt, um mit seinen Hauern von unten her dem Gegner Wunden zu schlagen. Da warf Herakles ein Fangnetz, das er bei sich hatte. Der Eber verfing sich darin derart, daß er keinen Ausweg mehr fand. Herakles fesselte das Tier, lud es auf seine breiten

25

Herakles/Eber   Eurystheus   Athena   Hermes

Schultern und machte sich auf den Heimweg. Als Eurystheus ihn mit dem gefährlichen Eber kommen sieht, packt ihn die Angst um sein Leben, und er springt in ein Weinfaß, das im Hof steht; nur der Kopf schaut aus dem Faß heraus. Verzweifelt hebt er die Hände, als Herakles den Eber über ihn hält (Abb. 25). Eurystheus steht noch Schlimmeres bevor, wenn Herakles den vielköpfigen Höllenhund, das gefährlichste Untier, aus dem Hades bringt. – Das war des Herakles dritte Tat.

26

Artemis — Herakles und Hirschkuh — Apollon

Herakles und die Hirschkuh von Keryneia

Herakles sollte die Hindin von Keryneia in Arkadien mit dem goldenen Geweih lebendig nach Argos bringen. Die Hindin war ein Lieblingstier der Artemis. Die Göttin liebte es, in den Bergen zu jagen, auch war sie eine Beschützerin der Tiere. Herakles hatte die Anweisung mit auf den Weg bekommen, dem Tier nicht einmal die Haut zu ritzen. Ein Jahr lang verfolgte er die Hirschkuh über die Berge und durch die Wälder. Weit im Norden holt er sie ein. Er faßt das Tier am Hals und hält es in seiner Gewalt (Abb. 26). Als er nicht mehr weit von Argos entfernt ist, stellen sich ihm plötzlich Artemis und ihr Bruder Apollon in den Weg. Es scheint zu einem Kampf zu kommen. Schließlich durfte er doch weiterziehen, als die beiden Götter sahen, daß er dem Tier nichts zuleide tun würde. In Argos zeigte er die Hindin dem Eurystheus und ließ sie wieder frei. – Das war des Herakles vierte Tat.

Herakles und die Vögel vom Stymphalos-See

Wenn man von Korinth nach Westen geht, kommt man an der Grenze zu Arkadien bei Stymphalos an einen sumpfigen See. Dort hauste eine Riesenschar Vögel, die wie Heuschrecken die Felder kahlfraßen. Sie sollen sogar Tiere und Menschen angefallen haben. Ares, der Kriegsgott, hatte sie mit messerscharfen, spitzen Metallfedern ausgestattet, mit denen sie tiefe Wunden schlugen. Und wenn sie aufflogen, verdunkelten sie die Sonne, so groß war ihre Zahl. Als Herakles an den See kam, um die Tiere zu erlegen, schwammen sie friedlich auf der Wasserfläche, so konnte er mit seinem Bogen nichts ausrichten. Sie mußten auffliegen, dann erst konnte er in die Schar zielen. Da kommt ihm Athena zu Hilfe und gibt ihm eine eherne Klapper, mit der er großen Lärm erzeugt, und die Vögel aufschreckt. In den Lüften entsteht ein wildes Durcheinander: Die einen fliegen nach oben, andere nach unten, die einen zu Herakles hin, andere in entgegengesetzter Richtung. Er nimmt Schleuder und Kieselsteine und schießt in den Schwarm der schreienden Vögel (Abb. 27). Viele stürzen getroffen in den See, einige entkommen und retten sich zur Ares-Insel im Schwarzen Meer. – Das war des Herakles fünfte Tat.

27

Herakles Vögel vom Stymphalos-See

28

Herakles Athena

Herakles reinigt den Stall des Augias

Augias war ein König in Elis, nahe bei Olympia. Er besaß große Viehherden. Nur die Ställe reinigte er nie. Und so wuchs der Mist immer höher und höher, so daß die Tiere im Stall nicht mehr stehen konnten und die Decke auf ihre Köpfe drückte. Da versprach der König hohen Lohn dem, der den

Mist wegbringen würde. Eurystheus schickte Herakles. Seine Aufgabe war es, den Stall in einem einzigen Tag zu säubern. Herakles wendete verschiedene Methoden an. Zunächst leitete er Wasser des in der Nähe vorbeiziehenden Flusses Alpheios in den Stall. Vergebens, der Mist lockerte sich nicht. Mit den Händen arbeiten wollte er auch nicht. Schließlich blieb ihm nichts anderes übrig, als es mit Besen und Schaufel zu versuchen, wie es Knechte tun. Doch das biegsame Gerät war zu schwach: Der Mist war ja nicht nur hochgewachsen, sondern auch fest geworden im Laufe der Zeit. Da mußte Herakles schon die starke Wurfschaufel nehmen und sich mit Wucht gegen die feste Masse stemmen. Weit ausholend mit der Schaufel, unterstützt von Athena, geht er an die Arbeit (Abb. 28). – Das war des Herakles sechste Tat.

29

Herakles und Stier

Herakles bezwingt den Kretischen Stier

In Kreta hauste ein wilder – kein pflügender – Stier, der dem König Minos gehörte. Herakles fängt das Tier mit einem Wurfseil ein und fesselt es an den Vorderbeinen (Abb. 29). Daheim zeigte er das Tier dem König Eurystheus und gab es dann frei. Lange wanderte der Stier umher und ließ sich schließlich in Marathon nieder. – Das war des Herakles siebte Tat.

30

Herakles und Roß

Herakles bändigt die menschenfressenden Rosse des Diomedes

Diomedes, Sohn des Kriegsgottes Ares, war König in Thrakien und wohnte am Hebros-Fluß, nahe der Grenze zu Kleinasien. Er hatte in seinem Gestüt vier gefährliche Rosse mit scharfem Gebiß, die täglich Menschenfleisch als

Futter bekommen mußten. Herakles sollte sie in die Argolis bringen, das war sein Auftrag.

Wir sehen ein Pferd eben dabei, einen Menschen zu verschlingen, von dem noch der Kopf und ein Arm aus dem Maul des Tieres heraushängen (Abb. 30). Vielleicht ist es der Besitzer Diomedes selbst, den Herakles im Streit seinem eigenen Pferd zum Fraß vorwarf. Jedenfalls zähmte er die vier Pferde und brachte sie heim nach Argos, wo er sie der argivischen Hera weihte. – Das war des Herakles achte Tat.

Herakles nimmt der Amazonenkönigin den Zaubergürtel

Im Kaukasus-Gebiet, nahe dem Land der Skythen, lebte das kriegerische Volk der Amazonen, das immer wieder in Griechenland einfiel. Ihre Königin Hippolyte besaß einen kostbaren Gürtel, der viele geheimnisvolle Kräfte in sich barg und den sie stets am Körper trug. Als des Eurystheus' hab- und schmucksüchtige Tochter davon erfuhr, verlangte sie von ihrem Vater diesen Gürtel als Geschenk. Ihr Wunsch wurde erfüllt. In einer Schlacht mit Herakles als Vorkämpfer werden die Amazonen besiegt, die Königin wird gefangengenommen (Abb. 31). Als Gegengabe für ihre Freilassung forderte Herakles den Zaubergürtel. Er wurde ihm gegeben. – Das war des Herakles neunte Tat.

31

Herakles Amazonen

32

Rinderherde Herakles/Geryoneus Eurytion Steinböcke

Herakles raubt die Rinder des dreileibigen Geryoneus

Sein Dienstherr Eurystheus schickte Herakles zur zehnten Tat aus. Er sollte die Rinder des Geryoneus stehlen. Geryoneus war nicht das Kind gewöhnlicher Eltern, er stammte von dem feuerspeienden, geflügelten, schlangenbeinigen Typhon, einem unterweltlichen Wesen, und von einem Scheusal, das halb Schlange und halb Weib war. Alle seine Ahnen waren schreckliche Ungeheuer: Die Schlange von Lerna, die Chimaira und die Sphinx gehörten zu seinem Stammbaum. Geboren wurde er als Riese mit drei zusammengewachsenen Leibern, mit drei Köpfen, sechs Händen, sechs Füßen und Flügeln. Er lebte auf der »Roten Insel« im Okeanos-Strom im äußersten Westen, dort wo die Sonne des Abends in den Ringstrom taucht, die halbe Erde umrundet und am Morgen wieder emportaucht. Geryoneus besaß eine große Rinderherde. Ein treuer Hirte Eurytion versorgte die Tiere, und sein Hund Orthros bewachte sie. Es war ein gefährlicher Hund, zweiköpfig und heimtückisch, wie Hirtenhunde eben sind. Herakles machte sich auf den Weg; er kam durch viele Länder, stiftete unterwegs viel Gutes, mußte aber auch viele Entbehrungen auf sich nehmen.

Er kam glücklich an. Wie alles vor sich ging, ist auf einem Bronzeblech erzählt (Abb. 32): Herakles hat alle seine Waffen bei sich, den Bogen, die Pfeile im Köcher, natürlich die Keule. Er muß mit allem rechnen, steht er doch einem Riesen von drei Leibesstärken gegenüber. Als ersten streckt er den Hirten Eurytion mit einem Pfeilschuß nieder. Der fällt rücklings zu Boden. Er greift noch nach dem Pfeil in seiner Stirn, aber sein Auge ist schon geschlossen. Der nächste Pfeil trifft den Hund. Jetzt gilt es, den Riesen zu überwältigen. Der eine Körper fällt zu Tode getroffen nach hinten, der zweite ist kampfunfähig, den dritten packt Herakles am Helmbusch und sticht mit dem Dolch zu. Und während sich der Kampf in der Mitte des Feldes abspielt, grast eine Schar von Steinböcken unbekümmert weiter. Die Kühe verlassen den Schauplatz und sind schon auf dem Weg, den sie mit ihrem neuen Herrn gehen werden. Einige von ihnen drehen sich um, neugierig, wie Kühe sind.

Geryoneus, Hirte und Wachhund sind tot. Die Rinderherde ist im Besitz des neuen Herrn, der sich sogleich aufmacht, um auf dem Landweg über Spanien, Italien, den Balkan hinauf in die Argolis zurückzukehren. Der Heimweg war nicht ungefährlich. Räuber lauerten ihm auf, um die Rinder zu stehlen. Aber Herakles war ja bekanntlich noch gefährlicher, wenn er angegriffen wurde. – Das war des Herakles zehnte Tat.

Herakles holt im Hesperidengarten die goldenen Äpfel

Als Herakles seine zehnte Tat vollbracht hatte, schickte ihn sein Dienstherr Eurystheus auf eine weite Reise. Er sollte die goldenen Äpfel vom Baum im Hesperidengarten holen. Der Garten weit im Westen, wo der Okeanos seinen äußersten Bogen zieht, wo Tag und Nacht sich begegnen, ist ein ferner Ort der Glückseligen. Dort wächst der wunderbare Baum, dessen goldene Äpfel demjenigen Unsterblichkeit und ewige Jugend bringen, der sie ißt. In dem Paradiesesgarten leben die Hesperiden, Töchter der Nacht, abendliche Nymphen, wie ihr Name sagt. Die Schlange Ladon, ein schreckliches Tier, das niemals schläft, mit hundert Köpfen und vielen Stimmen, bewacht den Baum.

Herakles war schon einmal im Westen gewesen, als er dem Geryoneus die Rinder raubte – aber den Weg dorthin, den hatte er vergessen. So begab er sich zu dem gütigen, weisen und ortskundigen Meergreis Nereus, der viele Geheimnisse wußte, um von ihm zu erfahren, wo genau der Hesperidengarten lag. Naturwesen wie Nereus aber geben ihr Wissen nicht ohne weiteres preis. Anfangs verweigerte Nereus die Auskunft. Da versucht Herakles den Allwissenden im Ringkampf zu bezwingen. Und während beide ringen, steigen seine Töchter, die Nereiden, fünfzig an der Zahl, aus dem Meer auf und tanzen, wie allnächtlich, im Mondschein den fröhlichen

33

Nereiden Herakles/Nereus Nereiden

Reigen am Strand (Abb. 33). Nereus war ein Verwandlungskünstler: Jedesmal, wenn Herakles glaubte, ihn besiegt zu haben, war der listige Alte mal eine Schlange, mal Feuer, mal Wasser. Schließlich bezwang Herakles ihn doch und erfuhr den Weg zum Garten. Auf Geheiß des Sonnengottes gab er ihm sogar den Sonnenbecher, einen Nachen, den Hephaistos eigens Helios ganz aus Gold gehämmert hatte, damit der Gott zu Beginn der Nacht von seinem Pferdegespann auf dieses Fahrzeug wechseln und bequem auf dem Ringstrom segeln konnte. Von Hesperidens Auen im Westen fährt Helios dann mit dem Sonnenbecher ins äthiopische Land im Osten. Dort warten jeden Morgen die Rosse mit dem Wagen, den Helios besteigt, wenn die Morgenröte am Himmel erscheint und den neuen Tag ankündigt.

Da sitzt er nun, unser Herakles, im Sonnenbecher, mit dem Bogen in der Hand, die Keule geschultert, und fährt über die Wellen des tierreichen Meeres (Abb. 34). Im Garten wird er von den schön gekleideten Hesperiden-

34

Herakles

mädchen empfangen (Abb. 35). Er hat das Löwenfell abgenommen, um die Mädchen nicht zu erschrecken. Um den Baum ringelt sich die lauernde Schlange Ladon, die er erst einschläfern muß. Eines der Mädchen pflückt ihm die Äpfel vom Baum.

35

Hesperiden Schlange Herakles Iolaos

36

Athena Herakles Atlas

Auf dem Weg zum Hesperidengarten, so wird erzählt, traf Herakles am Tor zur Nacht (bei Gibraltar) auf den Titan Atlas, der zwischen Himmel und Erde das Himmelsgewölbe auf seinen starken Schultern tragen mußte. Zeus hatte ihn als Lastträger unter das Gewölbe gestellt. Herakles und Atlas kamen ins Gespräch, und der Titan war bereit, die Äpfel zu holen, wenn Herakles einstweilen die Last des Himmels übernehme. Sie werden sich einig: Herakles tritt unter das Gewölbe, und Athena kommt hinzu, um ihn zu unterstützen (Abb. 36). Atlas bringt die Äpfel und soll sich nun, wie abgemacht, wieder unter den Himmel stellen. Es gab aber Reibereien zwischen den beiden. Der Titan hatte einen Hintergedanken: Er, Atlas, wollte die Äpfel dem Eurystheus bringen. Herakles ging auf den Vorschlag nicht ein, zu offenkundig war der Plan des Atlas – dieser stand nämlich zur ewigen Strafe unter dem Gewölbe und glaubte, auf diese listige Weise von seiner Strafe loszukommen. Mit einem geschickten Griff kam Herakles in den Besitz der Äpfel und machte sich davon. – Das war des Herakles elfte Tat.

Herakles holt den Höllenhund Kerberos aus der Unterwelt

Als Herakles aus dem Hesperidengarten mit den goldenen Äpfeln zurückkam, schickte Eurystheus ihn zu seiner letzten und schwersten Tat aus. Er sollte den Höllenhund Kerberos aus der Unterwelt heraufholen. Herakles machte sich auf den langen Weg nach Tänaron an der südlichsten Spitze der Peloponnes: Mani heißt die Landschaft, dort lag ein Eingang in das Reich des Unterweltgottes Hades. Er trat in die Höhle. Der Totenfährmann setzte ihn mit seinem Kahn über den Unterweltsfluß Styx. Am anderen Ufer stand der

37

Athena Herakles Kerberos

38

Eurystheus Herakles /Kerberos

gefürchtete Höllenhund, ein Scheusal wie seine Schwester, die Schlange von Lerna, mit fünfzig Köpfen und einer ehernen, dröhnenden Stimme, ein heimtückisches und hinterhältiges Tier, das jeden Ankommenden schwanzwedelnd umwirbt, um ihn bei günstiger Gelegenheit aufzufressen. Herakles sollte ihn lebend an die Oberwelt bringen und seinem Oheim vorführen, so war es vereinbart. Daher konnte er nicht seine Waffen gegen das Untier anwenden.

Herakles kommt zum Unterweltspalast (Abb. 37). Er hat seine Waffen bei sich, für alle Fälle. Sein Schwert läßt er in der Scheide, die Pfeile im Köcher auf dem Rücken, die Keule hat er abgestellt, nur eine Kette hält er bereit. Der Höllenhund mit zwei Köpfen, aus denen Schlangen wachsen, steht in der Vorhalle des Hades-Hauses. Das Maul ist halb offen, bissig, die Schlangen stellen sich auf, der Schwanz mit dem Schlangenkopf ringelt sich hoch. Jeden Augenblick wird der Höllenhund den Fremden anfallen. Herakles legt ihn nicht sofort in Ketten. Er streichelt beruhigend das mißtrauische und aufgeregte Tier, um ihm den Argwohn zu nehmen. Er wird dem Hades-Hund die Kette um den Hals schlingen, wenn der Zustand des Tieres dafür günstig ist, und ihn dann an die Oberwelt ziehen. Das Abenteuer ist gefährlich, denn da ist nicht nur der bissige Höllenhund als Wächter des Ortes, sondern auch der Unterweltsherrscher selbst, in dessen Bereich Herakles eingedrungen ist. Allen Gefahren zum Trotz: Herakles kann seiner Helferin Athena vertrauen – sie wird ihn nicht im Stich lassen. Und schließlich: Er ist stark und schlau, weiß, wie man ein Untier packt, wegführt und selbst ungeschoren bleibt. Die Szene ist nicht ohne Märchenzüge. Es ist der Maler, und es ist die Zeit, in der auch in gefahrvollen Abenteuern ein märchenhafter Ton aufkommen kann.

Mit dem vielleibigen und vielköpfigen Höllenhund, dessen Rachen ebenso gefährlich sind wie die züngelnden Schlangen, nähert sich Herakles dem Hof des Eurystheus. Herakles hat Mühe das Untier zu bändigen, das sich auf den König stürzen will (Abb. 38). Da springt der Auftraggeber in Todesangst in das nächststehende Weinfaß, kommt aber nur bis zu den Hüften hinein und hebt verzweifelt die Hände. Herakles muß den Höllenhund wieder in die Unterwelt bringen, er sollte ihn nur hervorholen und dem Eurystheus vorführen. – Das war des Herakles zwölfte und letzte Tat, die er im Auftrag seines Oheims auszuführen hatte.

Herakles bezwingt den Riesen Alkyoneus

Als Herakles mit den geraubten Rindern des Geryoneus unterwegs nach Hause war, trat ihm auf dem Isthmos bei Korinth der gefürchtete Riese Alkyoneus entgegen. Er war dreimal größer als Herakles und mit seinem wuchtigen Körper ihm weit überlegen. Bezwingen konnte Herakles ihn nicht. Da kommt ihm Athena zu Hilfe und schickt den Gott des Schlafes. Das kleine geflügelte Wesen läßt sich auf dem Riesen nieder (Abb. 39). Da liegt er nun, der Riese Alkyoneus, den Arm abgewinkelt zu einem Ruhekissen, zufrieden und in tiefem Schlaf versunken. Sein Gesicht, ganz einge-

39

Hermes Herakles Schlaf Alkyoneus Athena

wachsen vom Haupthaar und dem dichten Bart, verrät nicht Schläue, sondern Einfalt und dumpfe Kraft. Der Augenblick ist günstig. Athena gibt das Zeichen – auch Hermes ist bereit. Herakles hat verstanden und geht ans Werk, um dem Riesen den Garaus zu machen.

Alkyoneus hauste an der Halkyonischen Bucht, dem »Meer der Eisvögel«. An den windstillen, kalten Wintertagen hörte man an den Felsenriffen die traurigen Klagelieder der flügellosen halkyonischen Eisvögel, der trauernden Töchter des Alkyoneus, die den Tod ihres Vaters beklagen, den Herakles getötet hat. Die Tage der traurigen Lieder hießen die »Halkyonischen Tage«.

Herakles und Antaios 40

Herakles ringt mit dem Riesen Antaios

Auf dem Weg zu den Untieren begegnete Herakles dem Riesen Antaios, dem Sohn des Poseidon und der Erde. Herakles nahm die Herausforderung zum Ringkampf an und legte Keule, Köcher und das furchterregende Löwenfell am Rande des Platzes ab. Die beiden treffen im »Ringergewand« aufeinander. Antaios hatte bisher alle bezwungen, die vorüberkamen. Es kam in dem Kampf nicht auf die Stärke seiner Gegner an. Antaios besaß unversiegbare Kräfte, die ihm von seiner Mutter, der Erde, zuströmten; solange und wenn immer sein Körper mit ihr verbunden war, konnte er nicht besiegt werden.

Als der Ringkampf beginnt, laufen drei Frauen erschreckt davon (Abb. 40). Sie haben mit den beiden nichts zu tun, sind auch keine Verwandten; sie sollen nur zeigen, daß sich jetzt Aufregendes auf dem Kampfplatz ereignen wird. Herakles ist zwar muskulös, aber doch schmächtig gegen die Riesengestalt seines Gegners. Es bedarf geschickter Ringergriffe, um Antaios zu bezwingen. Im ersten Stadium des Kampfes packt er Antaios am Hals, faßt mit dem rechten Arm unter seine linke Achsel und legt den linken Arm lahm. Mit seinem ganzen Körpergewicht stemmt sich Herakles gegen den Riesen und drückt ihm den Hals zu. Dem geschickten Griff kann sich sein Gegner nicht mehr entwinden. Herakles hat ihn im Schwitzkasten. Aber, um Antaios zu besiegen, muß er ihn vom Boden, dem Sitz der Erdkräfte, abheben, erst dann ist der Riese besiegt. Es wird Herakles gelingen, Antaios von der Erde, seiner Mutter, zu trennen.

Herakles bei König Busiris in Ägypten

In Ägypten herrschte ein König, Busiris hieß er. Als eine große Dürre das Land heimsuchte, gab ihm sein Seher den Rat, jeden Fremden auf dem Altar des Zeus zu opfern, nur so könne die Dürre verschwinden und die Natur wieder Früchte bringen. Gerade in einer Dürrezeit kam Herakles nach Ägypten. Busiris ließ ihn sofort festnehmen und gefesselt an den Altar führen, ihn sollte das gleiche Schicksal ereilen wie viele andere vor ihm.

41

Busiris Herakles Knechte

42a

Herakles Knechte

Wie erging es denn den armseligen Dienern des Königs, den braunfarbenen Ägyptern und den kraushaarigen Mohren und dem König selbst? Sie büßten das grausige Vorhaben an Herakles mit dem Tode. Herakles, der starke Mann mit den Ringelhaaren, ein Muskelprotz aus dem Norden, noch schwärzer als die Mohren, packt als ersten den König, fesselt ihn und legt ihn auf die Stufen des Altars (Abb. 41). Panik bricht aus, ein jeder sucht ein Versteck, um sich zu retten. Zwei sind auf den Altar gesprungen, ein dritter hat gerade noch die Altarstufe erreicht, ein vierter liegt hinter dem Altar auf den Knien und ringt verzweifelt die Hände. Zwei liegen auf dem Boden, über sie schreitet Herakles hinweg. Zwei hat er mit den Händen gefaßt, den einen am Hals, den anderen am Bein, zwei hängen verzweifelt in seinen Armbeugen. Mit den vieren geht er nun auf die Flüchtenden los. Wer auf dem Altar Zuflucht gefunden hat, dem darf nach altem, heiligem Recht in der Heimat des Herakles nichts geschehen. Doch das kümmert ihn in der Fremde nicht; er nimmt Rache für das, was Busiris ihm antun wollte.

42b 

Knechte

Sechs Knechte ziehen mit den nötigen Opfergeräten zum Altarplatz (Abb. 42a, b): der eine mit dem Schlachtbeil, einer mit der Blutschüssel, ein dritter mit den Schlachtmessern im Köcher; ihm folgt einer mit dem Aufbereitungstisch und einem Bündel Bratspieße, der letzte trägt einen Wasserkrug auf der Schulter. Die Opferdiener sind stumpfnasige, kahlgeschorene, harte Gesellen ohne Gefühl, bereit, ihren Auftrag wie befohlen auszuführen. Der König und seine Lakaien kennen weder den fremden Mann, noch ahnen sie dessen Stärke. Am Altar angekommen, reißt Herakles sich die Fesseln vom Leib, packt einen der schlimmen Gesellen an den Beinen – dem entfällt das metallene Blutbecken – und schlägt den Nächststehenden nieder. Der Getroffene läßt Korb und Messer fallen, geht in die Knie und erhebt vor Schrecken die Arme. Sein Genosse holt mit dem schweren Opferbeil aus, aber es wird ihm nichts nützen, er ist das nächste Opfer. Die Krug- und Tischträger schreiten noch mutig aus, aber der mit dem Köcher greift sich an den Hinterkopf und macht kehrt: Er sieht, was sich am Altar abspielt.

Herakles kehrt bei dem Kentauren Pholos ein

Es gab auch friedliche und freundliche Kentauren. Einer war Pholos, der im Pholoe-Gebirge in der Peloponnes lebte. Auf der Jagd nach dem Erymanthischen Eber besuchte ihn Herakles. Er wurde freundlich aufgenommen und als Gast reichlich bewirtet mit Fleisch vom Rost. In der Höhle des Kentauren stand auch ein Faß Wein, das einst Dionysos selbst dem Pholos als Geschenk brachte, mit der Anweisung, das Faß zu öffnen, wenn Herakles vorbeikäme. Als Herakles aber nach Wein verlangte, verweigerte Pholos ihm diesen Wunsch. Er hatte Angst, wollte das Weinfaß nicht öffnen, und sagte zu Herakles: »Wenn meine Brüder den Wein riechen, dann kommen sie, und ich kann die Verantwortung für ihr Tun nicht mehr übernehmen. Sie sind wild und ausfallend, du kennst sie, denk an deinen Kampf mit dem Kentauren Nessos, der deine Frau Deianeira belästigt hat.« Herakles besteht dennoch auf der Faßöffnung (Abb. 43). In dem Augenblick als er seinen Becher in das Faß taucht, kommen die Kentauren, durch den Geruch des Weines angezogen. Herakles vertreibt sie.

43

Pholos Herakles

44

Herakles und Kerkopen

Herakles und die Kerkopenbuben

Kerkopen sind Kobolde, zu jedem Unfug aufgelegt. Ihre Mutter hatte sie gewarnt, sich vor einem Mann »mit dem schwarzen Hintern« in acht zu nehmen. Als sie übermütig auszogen, um jemandem einen Streich zu spielen, sahen sie einen Mann auf dem Rücken liegen und laut schnarchen. Es war Herakles, der sich auf einem seiner vielen Wege ausruhte. Auf leisen

Sohlen schlichen sie sich an den Schlafenden heran, um ihm die Waffen zu stehlen, die neben ihm auf dem Boden lagen. Als sie danach greifen wollten, erwachte Herakles und packte die beiden Burschen: sie sollten ihm nicht entkommen. Zur Strafe hängt er sie an einen Balken mit dem Kopf nach unten (Abb. 44). So zieht er los. Ein komisches Bild: wie ein Wasserträger, der zwei Scheffel Wasser vom Brunnen nach Hause trägt. Die Witzbolde sahen Herakles von unten und machten sich lustig über sein Hinterteil. Dabei mußten sie so lachen, daß die Stange sich immer heftiger bewegte und dem Herakles das Tragen beschwerlicher wurde. Verärgert, daß die Burschen gerade ihm, der bisher mit allem fertig geworden war, einen Streich spielten, beschimpfte er sie, ließ sie aber doch laufen. Herakles hatte Humor, er konnte über sich selbst lachen. Ob er den Burschen noch eine Tracht Prügel mit auf den Weg gab, bevor er sie freiließ, ist nicht bekannt geworden.

Als die beiden in ihrem Übermut auch Zeus herausforderten, ging der Schabernack nicht so glimpflich aus: Er verwandelte sie in Affen und machte dem harmlosen Spuk ein Ende. Zeus war zu ernst, um einen Bubenstreich hinzunehmen.

Herakles zu Gast bei Dionysos

Dionysos ist zu Hause. Er hat sich auf buntgewirkten Kissen niedergelassen und genießt die Ruhe mit einem Becher Wein (Abb. 45a). Vor ihm steht ein Weinkessel und daneben ein Krug. Zwei seiner Gefolgsleute sind bei ihm und unterhalten ihn mit Flötenmusik und Tanz. Und während der eine Satyr mit vollen Backen die Flöte bläst und der andere mit angeberischer Geste den Gott umtanzt, klopft es an der Tür. Der Hausherr schickt den einen zur Tür, er soll nachsehen, wer draußen ist. Der macht die Tür einen Spalt auf und schlägt sie wieder zu: »Ein seltsam aussehender Mann mit einem Löwenkopf steht vor der Tür. Er ist bewaffnet mit Keule, Pfeil und Bogen. Er wird uns überfallen und ausrauben«, meldet er seinem Herrn. Da ruft auch schon Dionysos seinen Freund Herakles herein. Der zieht sein Löwenfell aus, stellt die Keule ab und hängt den Köcher an die Wand. Ein Satyr wird ihm beim Ablegen der Garderobe behilflich gewesen sein, natürlich umständlich und mit viel Gerede, wie man es bei diesen Burschen gewohnt ist.

Der Gast läßt sich neben Dionysos auf ein Polster nieder (Abb. 45b). Ein Satyr, der als Speisekellner fungiert, bringt einen niedrigen Tisch mit Essen, Fleisch, Brot und Früchten und reicht dem Gast eine schöne Schale, wie sie nur Göttern und Halbgöttern zukommt, und Herakles ist ein solcher. Er und Dionysos sind in lebhaftem Gespräch vertieft, gestikulieren mit der Hand, da

45a

Satyrn Dionysos

45b

Satyr Herakles Dionysos Satyr

46

Satyr Herakles

schleicht sich ein Fleischdieb auf den Knien heran, läßt dabei Dionysos nicht aus den Augen, der eben sein Trinkgefäß dem Mundschenk zum Füllen hinhält. Der aber schaut weg. Ist der Krug leer? Hat er ihn etwa selbst heimlich ausgetrunken, oder will er nicht wahrnehmen, daß sein Mitbruder in diesem unbewachten Augenblick ein großes Stück Fleisch vom Tisch stiehlt? Jedenfalls tut er so, als sähe er nicht, was geschieht. Und als Dionysos ihn fragt, warum denn nur ein Stück Fleisch auf dem Speisetisch liege, antwortete er: »Ich bin Weinkellner und kein Speisekellner. Servieren ist nicht meine Aufgabe, ich bin für Getränke zuständig. Auch hat der Duft des Weines meine Augen gereizt, so konnte ich nicht sehen, was vor sich ging.«

Inzwischen hat ein Satyr des Herakles' Löwenfell und Waffen gestohlen und sich im Nebenzimmer verkleidet; nun tritt er als neuer Herakles auf. »Auf zu neuen Taten«, ruft er den anderen zu, »wir haben siegreich mit den Göttern gegen die Giganten gekämpft. Durch unseren Kampfgeist, durch unser Heldentum und die Durchschlagskraft unserer Waffen, allein durch unser mutiges Aussehen haben wir die Giganten erschreckt und niedergeworfen. Wir sind die eigentlichen Sieger.« »Auf zur zweiten ruhmreichen Tat«, rufen die Genossen des neuen Herakles, »wir wollen dem Nemeischen Löwen den Garaus machen. Der Sieg ist unser!«, so lautet die Parole. Die Satyrn sind begeistert. Die Siegesfeier steht ihnen schon ins Gesicht geschrieben. Sie sehen Preise winken und, vor allem, den gefüllten Weinkrug. Der falsche Herakles ist zu allem bereit, vom Silenschor kommen Zurufe, Auf-

47 

Satyrn

munterungen: »Vorwärts! Auf in den Kampf!« Da erhebt sich der richtige Herakles von seinem Lager und verabschiedet sich von Dionysos. Der Silen kann das Löwenfell gerade noch ausziehen und die Keule an die Wand lehnen, als Herakles das Fell nimmt, um es sich überzustülpen (Abb. 46). Er hält inne und stutzt, er hat nämlich bemerkt, daß seine Sachen nicht mehr an der richtigen Stelle stehen. Um Herakles von der peinlichen Situation abzulenken, dreht sich der Satyr in übertriebenen Bewegungen vor dem Gast.

Satyrn zweifeln nicht, daß sie es waren, die die Giganten besiegt haben, daß sie auch dem Nemeischen Löwen den Garaus machen werden. Sie unterscheiden nämlich nicht zwischen Phantasie und Wirklichkeit. Wie mutig und kämpferisch sie sind – ein Bild (Abb. 47) soll es zeigen: Drei Satyrn fahren in die Gigantenschlacht, zwei ziehen den Wagen, einer steht als Wagenlenker und Kämpfer auf dem Streitwagen – alle drei ohne Waffen, natürlich. Wenn sie in den Kampf ziehen, dann nur mit Verteidigungswaffen, mit dem Schild zum Schutz ihrer Haut. Die drei Kämpfer sind eben aufgebrochen, das Kampffeld ist noch weit. Wenn es ernst wird, der erste Gigant in Sichtweite ist – so schnell hat noch kein Gespann umgedreht wie das der drei Gigantenfahrer.

Satyrn sind ein unruhiges Volk, voller Einfälle, stets bereit zu Streichen und Gaunereien. Auch dem Gast gegenüber können sie sich nicht ruhig verhalten, unterbrechen dessen Gespräche, als ginge es nur um sie. Sie sind Großtuer und Maulhelden, wechseln aber sofort in die Rolle des ergebenen Dieners, wenn es für sie günstig ist. Ein nichtsnutziges, aber sehr unterhaltsames Volk, vor allem, wenn sie auf der Bühne auftreten, im Satyrspiel.

Herakles als Knecht des Weingartenbesitzers Syleus

Syleus war ein Weingartenbesitzer und ein übler Räuber dazu. Er ging in seiner Ruchlosigkeit so weit, daß er Fremden, die vorüberkamen, alles abnahm und sie noch verkaufte, wenn sie als Knecht für ihn nicht tauglich waren. Auch Herakles kam in seine Gewalt. Es war Hermes, der Herakles an Syleus verkaufte, und er gab ihm noch ein paar Ratschläge zu seiner neuen Tätigkeit: »Sei nicht widerborstig zu deinem Dienstherrn!« Herakles war darüber aufgebracht und gab zurück: »Eher sinken die Sterne unter die Erde oder die Erde steigt zum Äther auf, als daß mir ein Schmeichelwort über die Lippen kommt.« Hermes empfiehlt nun dem Syleus den neuen Knecht: »Du siehst, er ist eine würdige Erscheinung, nicht schwerfällig wie gemeine Sklaven, seine Kleider und Waffen sind die eines Edelmannes, auch kann er mit der Keule umgehen.« Dem Syleus leuchten die warmen Empfehlungen nicht ganz ein: »Ein besserer Herr wie dieser hier wird wohl kaum gehorchen, eher befehlen«, entgegnet Syleus, und zu Herakles: »Du siehst nicht aus wie ein Knecht. Dein Auge ist voll Feuer, wie das eines Stieres, der den Angriff eines Löwen erwartet – keine Widerrede!« Syleus hat schon beim ersten Anblick kein rechtes Vertrauen in den neuen Knecht. Er zögert, entschließt sich aber doch, ihn zu behalten, wenigstens bis »Lichtmeß«, und steckt ihn als Arbeiter in seinen Weinberg. Er soll dort die Erde um die

48

Herakles Xenodike

Weinstöcke mit der Spitzhacke umgraben, damit Luft und Regenwasser besser in den Boden eindringen können.

Herakles geht an die Arbeit. Vielleicht hat er nicht begriffen, was Syleus mit Umgraben meinte, vielleicht tut er es aus Rache: Jedenfalls gräbt er nicht um, sondern versteht sich als Ausgräber. Und so hackt er jeden Weinstock

49

Herakles Syleus

mit den Wurzeln aus dem Boden und wirft ihn hinter sich auf einen Haufen (Abb. 48). Xenodike, die Tochter des Besitzers, packt Keule und Löwenfell des ungewöhnlichen Knechtes und rennt entsetzt davon, um ihren Vater zu holen. Doch bis der Besitzer kommt, um einzugreifen, hat Herakles schon den Holzstoß angezündet, im Feuer Ochsenfleisch gebraten und Brot gebakken, aus dem Keller Fässer besten Weines geholt, vom Haus des Arbeitgebers eine Tür aus dem Drehstein gehoben und sie zur Tischplatte gemacht. Es bleibt allerdings nicht bei der Haustür, er schlägt mit der Axt die Holzsäulen des Hauses zu Brennholz (Abb. 49). Zeus hatte er zur Besänftigung vorsorglich einen ganzen gebratenen Ochsen geopfert. Als das Essen bereit war, Ochsenbraten, Holzofenbrot und gefüllte Weinbecher auf der Tafel standen, besaß er noch die Unverfrorenheit, den Besitzer zum Mahl einzuladen und ihn aufzufordern, er möge ihn unter den Tisch trinken. Syleus kam und war außer sich. Aber was sollte er gegen den starken Knecht tun außer jammern und schimpfen.

Bevor Herakles sein Knecht wurde, war schon eine Schar Satyrn in den Dienst des Syleus getreten. Syleus versprach ihnen die Arbeit an der Weinkelter. Der Gauner aber war schlau und teilte sie zu harter Arbeit ein: Zäune aufrichten, Steine auflesen und ähnliche Arbeiten. Durch den Duft des Weines und den Geruch des Bratens angelockt, treten auch die Satyrn in den Streik, legen die Arbeit nieder und drängen ungerufen an die Speisetafel. Nachdem sie gegessen und sich vollgetrunken haben, sehen sie die Stunde der Freiheit gekommen, umtanzen Herakles und feiern ihn als ihren Befreier aus harter Fronarbeit. Mit einem Bekenntnis zu ihrem alten Dienstherrn Dionysos ziehen sie lärmend ab.

Am Ende hatte der reiche Weingartenbesitzer und Knecht-Halter einen rebenlosen Weinberg, einen leeren Weinkeller, einen Ochsenstall ohne Vieh und ein demoliertes Haus. Man erzählt, daß Herakles den Unhold mit seiner Keule erschlug.

Herakles' Auffahrt und Einzug in den Olymp

Häusliche Zwistigkeiten brachten Herakles das Ende seines Erdendaseins. Um ihn an sich zu fesseln, gab ihm seine Frau Deianeira ein Gewand, das von dem vergifteten Blut des Kentauren Nessos durchtränkt war. Als He-

50

Satyrn Herakles/Athena Nymphen

51 

Zeus Athena Herakles

rakles es anzog, saugte sich das Gift in seinen Körper. Von unheilbaren Wunden gequält, beschloß er, sein Leben zu beenden. Er ließ sich zum Gipfel des Oita-Gebirges bringen, um auf einem Scheiterhaufen verbrannt zu werden. Niemand brachte es über sich, den Holzstoß anzuzünden, bis Philoktet ihm den Wunsch erfüllte. Zum Dank gab Herakles ihm seinen sagenhaften Bogen, von dem das Schicksal Trojas abhängig sein sollte. Und während sein irdischer Körper auf dem Holzhaufen verbrennt, verlassen Herakles und Athena mit dem Gespann die Erde auf dem Weg zum Olymp (Abb. 50). Ein Satyr starrt verwundert auf den leeren Panzer, mit Krügen herbeieilende Quellnymphen versuchen, das Feuer mit Wasser zu löschen.

Am Eingang in den olympischen Palast sind Athena und Herakles vom Wagen abgestiegen und gehen zu Fuß zum Thron des Zeus (Abb. 51). Herakles hebt die Hand, Zeus zum Gruß. Er war der einzige unter den Heroen, dem die Ehre zuteil wurde, bei Zeus im Olymp zu wohnen, als Lohn für das, was er in seinem irdischen Leben getan und erlitten hatte.

Theseus auf dem Weg nach Athen

Theseus kam in Troizen zur Welt, der Heimat seiner Mutter Aithra. Sein Vater war Aigeus, König von Athen; sein eigentlicher Vater aber war Poseidon. Bevor Aigeus allein nach Athen zurückkehrte, legte er sein Schwert und seine Sandalen unter einen großen Felsblock und trug Aithra auf, wenn sie einen Sohn gebären würde und dieser erwachsen sei, solle er mit dem Schwert und den Sandalen als Erkennungszeichen nach Athen kommen.

Als Theseus sechzehn Jahre alt war, verließ er seine Heimat, die Argolis, und den Ort seiner Geburt, nahm Sandalen und Schwert und machte sich auf den Weg nach Athen. Er schlug aber nicht den kürzeren und bequemeren Seeweg ein, sondern nahm die beschwerliche und gefährliche Landstraße, wissend, daß sich dort ein Gesindel heimtückischer Räuber und Wegelagerer herumtrieb.

Theseus und der »Keulenmann« Periphetes

Als Theseus auf seinem Weg nach Athen in die Gegend von Epidauros kam, trat ihm der Räuber Periphetes in den Weg, genannt »der Keulenmann«,

52

Theseus Periphetes

weil er mit einer schweren Keule alle erschlug, die vorüberkamen. Theseus entreißt ihm die Keule und schlägt auf den Kopf des Unholds ein. Am Boden hockend, streckt dieser, um Gnade flehend, die Hände zu Theseus empor (Abb. 52).

Theseus und der »Fichtenbeuger« Sinis

Bei Korinth, wo der Weg von der Peloponnes zum Isthmos einbiegt, hauste Sinis, genannt »der Fichtenbeuger«. Kam jemand des Weges, dann zog er zwei Äste vom Wipfel der Fichte hernieder, band das Opfer daran fest und ließ die Enden los. Oder er zog einen hochsitzenden Ast zu Boden, verwik-

53

Sinis Theseus

kelte den Fremden in das Geäst und ließ das ahnungslose Opfer plötzlich emporschnellen. Theseus weiß um die heimtückische Absicht des Sinis: Noch bevor der Unhold ihn in seine Gewalt bringen kann, zieht er schneller als jener einen Ast herab (Abb. 53). Sinis erkennt seine Lage; er nimmt noch einen Stein vom Boden, die Waffe niederer Wesen in letzter Notwehr, und will fliehen. Da packt Theseus ihn am Arm und zieht ihn zu sich. Er wird ihn binden und den Ast loslassen, damit er das gleiche Schicksal erfahre wie seine Opfer.

Theseus und die Krommyonische Sau

In Krommyon, einem Waldtal bei Korinth am Saronischen Golf, wohnte eine alte Hexe mit einer Sau. Die aber war kein gewöhnliches Haustier, sondern ein unterweltliches, höchst gefährliches Ungeheuer, das die Äcker verwüstete und die aufgehende Saat auffraß. Die Landleute hatten Angst und wagten nicht mehr, die Felder zu bestellen, bis Theseus kam, um ihm den Garaus zu machen. Mit gezücktem Schwert geht er auf das Untier los (Abb. 54). Die Sau aber ist ein Draufgänger, die weder die Flucht ergreift noch ausweicht, wenn sie angegriffen wird. Furchtlos rennt sie in das Schwert des Theseus.

54

Theseus Sau

Theseus und der Räuber Skiron

Von Korinth aus nahm Theseus seinen Weg entlang der Küste. Bei Megara verengte sich die Straße zu einem schmalen Pfad. An der gefährlichsten Stelle – zur Linken die Kalksteinklippen, zur Rechten der Steilabsturz zum Meer – hockte auf einem Felsen der Wegelagerer Skiron. Kam ein Wanderer daher, zwang ihn der Unhold, ihm als Durchgangszoll die Füße zu waschen. Dabei stürzte er den Ahnungslosen mit einem Fußtritt den Steilhang hinunter, der höllischen Meeresschildkröte zum Fraß. Theseus bleibt Skiron den Zoll schuldig: Er packt den Bärtigen am Bein, hält ihn zwischen Felsen und Meer, um ihn kopfüber fallenzulassen (Abb. 55). Skiron wird in die Tiefe stürzen, wo die Schildkröte lauert, um ihn aufzufressen.

55 

Theseus und Skiron

Theseus und der Ringer Kerkyon

Als Theseus in Eleusis ankam, ging der Unhold Kerkyon auf ihn zu und forderte ihn zum Ringkampf heraus. Alle hatte er bisher besiegt und anschließend mit seinen starken Armen erdrückt. Kerkyon stammte aus Arkadien, wo solche Ringertypen zu Hause sind. Theseus war geschickt im Ringkampf, er soll ihn sogar erfunden haben, und er war im Freistil-Ringen geübt. Er nimmt seinen Gegner im Untergriff und drückt ihn nieder, um ihn über sich auf den Boden zu werfen (Abb. 56).

56

Theseus und Kerkyon

Theseus und der »Strecker« Prokrustes

Prokrustes, »der Strecker« genannt, hauste im Korydalos-Gebirge an der heiligen Straße, die von Athen nach Eleusis führt. In die Felsenwand hatte er zwei Bettnischen unterschiedlicher Länge geschlagen, dazu stellte er noch zwei ungleich große Bettgestelle. Kam ein Fremder vorüber, bot er ihm ein

57

Theseus und Prokrustes

Ruhebett an. War der Mann klein, legte er ihn auf das lange Bett und streckte ihn, bis er die Länge ausfüllte. Kam ein Mann von großem Wuchs, dann legte er ihn in das kurze Bett und paßte ihn mit der Axt der Bettlänge an. Theseus macht kurzen Prozeß mit Prokrustes: Er nimmt ihm die Axt ab und verpaßt dem Unhold dasjenige Bettgestell, in das er seiner Größe nach erst eingefügt werden muß (Abb. 57). So erfuhr der Übeltäter am eigenen Leib, was er ahnungslosen Menschen angetan hatte.

Theseus' Ankunft in Athen

Nachdem Theseus den Weg von seinem Heimatort bis nach Athen von Räubern und Wegelagerern und der schrecklichen Sau von Krommyon befreit hatte, kam er glücklich an seinem Ziel an. Wohl war die Kunde von

58

Aigeus Aithra Theseus Poseidon

den guten Taten eines jungen Mannes bereits nach Athen gedrungen, aber niemand dort wußte seinen Namen und seine Herkunft, auch Aigeus nicht. Erst als er das Schwert sieht und sein Blick auf die Sandalen fällt, erkennt er seinen Sohn und reicht ihm die Hand (Abb. 58); die Mutter Aithra begrüßt ihn herzlich. Auch sein leiblicher Vater Poseidon ist gekommen.

Nur eine trachtete ihm nach dem Leben: Medea, die Zauberin aus dem Kolchosland, die auf der Flucht vor ihrem Mann Jason nach Athen kam und von Aigeus aufgenommen wurde. Wegen einer anderen Frau hatte sie ihre Familie zerstört und Jason ihre beiden ermordeten Kinder zurückgelassen. Als eine Fremde aus Kolchos mißachtet, als Frau betrogen, siegte in ihr die Rache: Das attische Königshaus sollte ausgelöscht werden. Sie wollte, daß nicht Theseus, sondern ihr und Aigeus' Sohn Medos der Erbe sei. Nachdem der Anschlag mit dem Giftbecher, den sie Theseus zur Begrüßung reichte, mißlungen war, überredete sie Aigeus, er möge Theseus nach Marathon schicken, um den schrecklichen Stier einzufangen, hoffend, er werde im Kampf mit ihm umkommen.

59 

Aigeus Theseus und Stier Medea

Theseus bezwingt den Marathonischen Stier

Theseus begibt sich nach Marathon und kämpft mit dem Stier (Abb. 59). Aigeus steht dabei, die Absichten Medeas nicht ahnend, die das Ende des Theseus erwartet. Theseus wird den Stier bezwingen und ihn am Strick nach Athen bringen, wo er ihn der Athena opfert. Medeas Plan ist mißlungen.

Theseus besiegt den Minotauros im Labyrinth

Auf der Insel Kreta herrschte der König Minos, der auch auf dem Meer mächtig war. Der Stadt Athen legte er einen furchtbaren Tribut auf: Alljährlich mußten die Athener dem Minos sieben Knaben und sieben Mädchen

60

Theseus und Minotauros Ariadne

schicken, die er dem Minotauros zum Fraß vorwarf. Minotauros war ein Ungeheuer, halb Mensch, halb Stier; er lebte in einem Labyrinth, das der König eigens für ihn hatte bauen lassen. Labyrinth ist ein dunkler, verborgener Ort, zu dem Irrgänge führen. Man kommt hinein, findet aber nicht mehr heraus.

Als wieder einmal die Zeit gekommen war, ging Theseus freiwillig mit auf die Reise. Er fuhr mit dem Schiff seines Vaters Aigeus und hißte schwarze Segel zum Zeichen einer ungewissen Fahrt. Ein weißes und ein purpurnes Segel hatte er bei sich; bei glücklicher Heimkehr sollte er eines davon aufziehen. Ariadne, die Tochter des Königs Minos, war ihm behilflich, als er sich auf den Weg in das Labyrinth machte. Sie gab ihm ein Knäuel Garn in die Hand, das ihm den Rückweg sicherte. Theseus band das eine Ende des Fadens an die Eingangstüre und drang, das Knäuel in der Hand abspulend, in die labyrinthischen Gänge vor. Nachdem er eine gute Strecke gegangen war, kam Minotauros, vom Menschengeruch angelockt, aus der Tiefe des Labyrinths hervor. Es kommt zum Kampf. Das Horn des Stierköpfigen fest im Griff, zieht Theseus das Untier aus dem Dunkel seiner Behausung in den Eingang des Palastes (Abb. 60). Dort wird er ihm den Garaus machen. So wurden die Knaben und Mädchen erlöst und Athen für alle Zeiten von dem schrecklichen Tribut befreit.

Theseus landet mit dem Schiff auf der Insel Delos

Ein schönes Schiff mit einem Vogelkopf am Heck und am Bug den Kopf des draufgängerischen, sturen Ebers, der die Wasser des Meeres durchschneidet, ist, von Kreta kommend, auf der Insel Delos gelandet (Abb. 61). Der Steuermann hat das Schiff gedreht und ist mit dem Heck auf den Strand

Athener Knaben und Mädchen

61

gefahren. Er gibt mit der Hand das Zeichen, daß die Ruderer innehalten sollen. Die Männer auf den Ruderbänken haben den letzten Ruderschlag getan. Das Landemanöver ist gelungen, die Schiffsmannschaft aufgeregt vor Freude. Einige Seeleute sind von den Bänken hochgesprungen, wie es Seefahrer tun, die nach langer Fahrt plötzlich Land sehen. Ein Matrose in der Mitte des Schiffes wirft vor Begeisterung die Arme empor, ein anderer, der das Aussteigen nicht erwarten konnte, sprang kopfüber ins Meer und schießt wie ein Pfeil ans Ufer.

Theseus und die Athener Knaben und Mädchen sind als erste ausgestiegen. Sie tragen alle prächtige, mit vielen Mustern bestickte Gewänder. Jedem hat der Maler den Namen beigeschrieben. An der Spitze schreitet Theseus mit der Leier. Ariadne, mit dem Garnkneuel, und ihre Amme begrüßen die Angekommenen. Vierzehn Knaben und Mädchen fassen sich an den Händen und schreiten zum Leierspiel des Theseus. Sie tanzen den Geranostanz, den »Tanz der Kraniche«, dessen Bewegungen denen des Kranichs ähnlich sind.

Theseus-Schiff

Theseus

Ariadne

Vom Kranich heißt es, daß er ein freundliches Wesen hat; mit leichtem gemessenen Schritt geht er seinen Weg, meist ruhig und würdevoll, manchmal eilend. Zuweilen ergötzt er sich durch einen oder zwei lustige Sprünge, durch übermütige Gebärden, die förmlich Tänze sind. So sind auch die Schritte der Tänzer ruhig und gemessen und dennoch nicht einförmig. Knaben und Mädchen bewegen sich aufeinander zu und voneinander weg, in gebundenen Drehungen. Die Knaben machen übermütige Sprünge mit angezogenen Beinen und erhobenen Armen. Dann legen sie die Hände wieder ineinander, und der freudige Ton des Gesanges verbindet sich mit dem Rhythmus des Reigens. Der Geranostanz ist ein Freudentanz, und dazu haben die Athener Knaben und Mädchen wahrhaftig Anlaß. Zur Erinnerung an die Errettung der Athenerkinder aus dem Labyrinth des Minotauros fuhr alljährlich eine Festgesandtschaft nach Delos. Ihr Schiff soll sogar das des Theseus gewesen sein. Und wenn auch im Laufe der Jahre Teile erneuert wurden, bis am Ende kein Balken mehr ursprünglich war, so war es immer noch das alte Theseus-Schiff.

Als das Schiff des Theseus mit den Athenerkindern, von Delos kommend, sich dem Hafen von Piräus näherte, hing noch das schwarze Segel am Mastbaum. Der Steuermann Pherekles hatte vergessen, das weiße oder purpurrote Segel zu setzen. König Aigeus stand auf der Akropolis von Athen und hielt besorgt Ausschau nach seines Sohnes Rückkehr. Als er das Schiff mit schwarzen Segeln in der Ferne auftauchen sah, nahm er es als schlechtes Zeichen und stürzte sich ins Meer. Seit diesem Tag trägt das Ägäische Meer seinen Namen.

Tod des Theseus

Herakles, Perseus, Bellerophon und Meleager kämpften gegen Untiere und Ungeheuer. Theseus hatte es vor allem mit Wegelagerern zu tun, die nicht in fernen Gegenden hausten, sondern Straßen und Fluren seiner näheren Heimat unsicher machten. Die Erledigung der Unholde und Ungeheuer waren die Taten in seiner Jugend. Sein Kampf mit dem Minotauros in Kreta war eine attische Angelegenheit. Seine Sorge galt Athen und dem attischen Land. Als das sagenhafte Reitervolk der Amazonen vom Schwarzen Meer in Attika einfiel und die Hänge der Akropolis erstieg, um die Burg selbst zu erstürmen, war Theseus der siegreiche Vorkämpfer gegen die fremde Frauenschar. So war sein Weg zum fürsorgenden Staatsmann vorgezeichnet. Nach Aigeus' Tod wurde Theseus Herrscher über Athen und Attika. Er wirkte segensreich. Er soll den attischen Stadtstaat begründet und ihm eine Verfassung gegeben haben. Viele Kulte und Feste hat er gestiftet. Theseus blieb auch dann noch mit seinem Geburtsort Troizen und seinem eigentlichen Vater Poseidon eng verbunden, als Athen seine Heimat geworden war.

Theseus war ein treuer Freund des Peirithoos und Helfer in der Not. Als am Hochzeitstag seines Freundes Peirithoos mit Hippodameia wilde Kentauren in den Festsaal einbrachen, war er der Vorkämpfer gegen die Waldmenschen (vgl. Abb. 71). Als Ödipus gebrochen und blind nach Athen kam und um Schutz bat, nahm er ihn in seine Stadt auf. Die Klagen der sieben Mütter um ihre in der Schlacht um Theben gefallenen Söhne blieben nicht ungehört. Theseus selbst zog gegen Theben, um die Leichen der »Sieben gegen Theben« nach Athen zu bringen, damit auch ihnen das heilige Totenrecht der Bestattung zuteil werde. In seiner Sorge um den gebrechlichen Ödipus und die Mütter der Gefallenen erscheint die Menschlichkeit dieses edlen Mannes.

Sein Leben war nicht ohne Kummer. Die Geschichte der unglücklichen Liebe seiner Frau Phaidra zu ihrem Stiefsohn Hippolytos – das grausame Werk Aphrodites – und die gegen jenen vorgebrachten Verleumdungen, trafen ihn schwer. Hippolytos war ein Freund der Göttin Artemis, ihr hatte er Reinheit gelobt und die Liebe der Phaidra nicht erwidert. So wurden Phaidra und Aphrodite zu seinen Feinden. Theseus glaubte an Phaidras falsche Aussagen gegen Hippolytos. Phaidra nahm sich schließlich das Leben; an der Bahre der Toten verfluchte Theseus seinen Sohn. Als Hippolytos mit seinem Gespann entlang der attischen Küste fuhr, schickte Poseidon ein Meerungeheuer. Die Pferde bäumten sich auf, und Hippolytos kam dabei um. Zu spät erkannte Theseus die Unschuld seines Sohnes.

Weil in seiner Abwesenheit ein Gegenkönig aufgetreten war, verließ Theseus Athen und ging zu Lykomedes, dem Herrscher von Skyros. Als beide eines Tages auf einer hohen Klippe standen und auf das weite Meer hinausschauten, stieß der falsche Freund ihn den Steilhang hinunter ins Meer.

Nach der Schlacht bei Marathon gegen die Perser, in der die Krieger plötzlich Theseus als Mitstreiter aus dem Boden aufsteigen sahen, beschloß man, seine Gebeine nach Athen heimzuholen; er sollte in attischer Erde seine Ruhe finden. Aber niemand auf der Insel Skyros kannte sein Grab. Als der athenische Feldherr Kimon nach Skyros kam, sah er, wie ein Adler plötzlich auf einen Erdhügel niederstieß und mit Schnabel und Krallen in der Erde hackte und scharrte. Sie gruben an der Stelle, fanden die Gebeine des Theseus und überführten sie nach Athen. Und indem sie dies taten, ehrten sie Theseus und sich selbst.

Danae und der Perseusknabe landen auf der Insel Seriphos

König Akrisios von Argos hatte eine schöne Tochter: Danae. Als ein Seher ihm voraussagte, daß ein Enkel ihm Thron und Leben rauben werde, sperrte er Danae in einen ehernen Turm, in den niemand eindringen konnte. Eines Tages nahte ihr Zeus im Goldregen. Und als die Zeit gekommen war, gebar sie einen Sohn, dem sie den Namen Perseus gab. Akrisios entdeckte bald das Knäblein, bestellte Zimmerer und ließ eine Truhe fertigen. Er läßt die Mutter mit dem Kind in die Truhe steigen, klappt den Deckel zu und übergibt den Kasten dem Meer (Abb. 62). Im nächtlichen Dunkel der Truhe klagt Danae ihr Leid. Und während die Salzflut rauscht und der Sturm heult, singt die Mutter dem kleinen Perseus ein Wiegenlied: »Schlaf, Kindchen. Schlafen soll das Meer und schlafen unermeßliche Not« (Simonides).

Die Kiste trieb auf die Insel Seriphos zu. Zu dieser Zeit hatten der Fischer Diktys und sein Gehilfe das Netz ausgeworfen, mit der Bitte an Poseidon um einen guten Fang, sie waren ja arme Teufel. Als sich draußen auf dem Meer etwas rührte, zogen sie an dem Netz, um die Beute einzuholen. Sie

62 

Akrisios Dienerinnen Perseus Danae

zogen und zogen, doch das Netz rührte sich nicht. Diktys glaubte, ein großer Fisch, ein Thunfisch oder ein Hai, sei ins Netz gegangen. Sie riefen nach Bauern, Winzern, Hirten. Niemand kam. Plötzlich erscheint ein Schwarm von Silenen mit ihrem Anführer, sie hatten die Hilferufe gehört und wollen helfen. Doch bevor sie anpacken, handelt der Chorführer mit dem Fischer den Lohn aus. Sie einigen sich auf die Hälfte des Fanges. Nun ziehen die Silene unter Rufen und gegenseitigem Anfeuern an dem Strick des Netzes. Endlich kommt der Fang an den Strand. Zum Erstaunen aller liegt ein Kasten im Netz, und als sie den Deckel heben, sitzt darin eine junge Frau mit einem Knäblein. Der Chorführer ist begeistert, er sieht sich schon als Bräutigam und macht der Danae sogleich einen Heiratsantrag. Die Silene umtanzen die Truhe. Danae ist verängstigt, das Knäblein sieht die seltsamen Gestalten mit den Bärten, den Pferdeohren und Pferdeschwänzen und weint. Diktys weiß sich nicht mehr zu helfen; er eilt in die Stadt zu seinem Bruder Polydektes, dem König von Seriphos, und berichtet ihm den Vorfall. Der König kommt an den Strand und macht dem Spuk ein Ende. Er nimmt Mutter und Kind mit in die Stadt. Mit einem Schlauch Wein als Entgelt für ihre Arbeit müssen die Silene abziehen.

Perseus und die Gorgonen

Perseus, der Sohn der Danae und des Zeus, wuchs in Seriphos am Hof des Königs Polydektes zu einem gewaltigen Helden heran. Dem König schien er gefährlich. Um ihn fernzuhalten, gab er ihm den Auftrag, das Haupt der Gorgo Medusa zu bringen. Perseus folgte dem Rat Athenas. Er suchte zuerst die Graien auf, drei alte Frauen, die zusammen nur ein Auge besaßen und in einer Höhle hausten. Wie ein Eber drang er in die Höhle ein, stahl ihnen das eine Auge und zwang sie, ihm den Weg zu den Gorgonen zu verraten. Nymphen gaben ihm eine Tarnkappe, die ihn unsichtbar machte, eine Tasche als Behälter für das abgeschlagene Haupt und Flügelschuhe zur schnellen Flucht nach vollbrachter Tat.

An der Grenze zur Nacht, bei den Gärten der Hesperiden, hausen die Gorgonen, im westlichen Dunkel, aus dem sie brüllend hervorbrechen. Es sind drei Schwestern: Sthenno, die Mächtige, Euryale die Weitspringende und Medusa, die Herrscherin. Das Aussehen der drei ist furchterregend: Schlangen im Haar, eine Schlange als Gürtel, dazu das gräßliche Gesicht mit den glotzenden Augen, dem breiten geöffneten Maul, in dem scharfe Zähne stehen. Der Blick der Augen ist tödlich; wen er trifft, den versteinert er

63

Medusa Sthenno Euryale Perseus

sofort. Die Menschen fürchten die Gorgonen, sogar den Göttern sind sie verhaßt. Zwei sind alterslos und unsterblich, nur Medusa ist verwundbar und sterblich.

Perseus begibt sich mit Sichel und Tasche zur Behausung der Gorgonen. Gleich nächtlichen Gespenstern erscheinen die drei Schwestern. Perseus erkennt die Gefahr, die ihm droht. Mit dem Beistand von Athena und Hermes schneidet er Medusa den Kopf ab, steckt ihn in die Tasche und flieht vor der Rache der ihn verfolgenden Schwestern (Abb. 63). Er eilt zum Gespann seines Freundes Iolaos, der ihn an den Ort der Gorgonen gebracht hat, mit ihm wird er fliehen. Das Haupt der Gorgo Medusa weiht er Athena, die es fortan an ihrer Ägis als Schreckzeichen trägt.

Als Medusa tot zusammenbrach, entsprangen ihrem Blut zwei Kinder: Pegasos, das Flügelpferd, und Chrysaor, »der mit dem goldenen Schwert«.

Perseus hat einen besonderen Rang im Reich der Heroen. Ungleich steht er zu Herakles und Theseus, mit denen er nicht befreundet ist, auch nicht wie sie gemeinsam Untiere und Amazonen bekämpft. Schon seine Geburt ist ungewöhnlich: Gezeugt aus einem Goldregen, der von Zeus herniederging, kommt er in einem bronzenen Gemach zur Welt und taucht mit seiner Mutter in einer finsteren Truhe ins Meer. Perseus steht Hermes nahe; wie sein göttlicher Freund trägt er Flügelschuhe, mit denen er schwebend leicht weite Räume durchmißt.

64

Bellerophon und Chimaira

Bellerophon und Chimaira

Bellerophons Heimat war Korinth, bevor er Heros aller Griechen wurde. Sein Vater Poseidon schenkte ihm ein Flügelpferd, aber es fehlte das Zaumzeug, um das Pferd zu bändigen. Eines Nachts träumte Bellerophon von einem wunderbaren Zaumzeug, und als er erwachte, war der Traum Wirklichkeit: vor ihm lag das Riemenwerk. Die Geberin war Athena.

Um ihn loszuwerden, schickte Proitos, König von Argos, den viel mächtigeren Bellerophon mit einem Brief zum König von Lykien. In dem Brief stand Bellerophons Verurteilung zum Tode. Angeblich hatte sich Bellerophon im Hause zu Argos etwas zuschulden kommen lassen. Doch die Scheu des Lykiers vor einem Mord war zu groß. Um Bellerophon loszuwerden, schickte er ihn aus, Chimaira zu töten, in der Überzeugung, er würde dabei umkommen. Chimaira war ein Mischwesen aus Löwe, Ziege und Schlange – ein Ungeheuer also, das beständig Feuer ausspie. Bellerophon muß den drei Teilen den Garaus machen, dem Löwen, der Ziege und der Schlange – und das ist nur von oben, aus der Luft möglich. Dazu verhilft ihm das geflügelte Wunderpferd Pegasos (Abb. 64).

Die Jagd auf den Kalydonischen Eber

Oineus, der König von Kalydon, einem mittelgriechischen Städtchen in der Landschaft Ätolien, feierte alljährlich das Erntefest und dankte allen Göttern mit einem Opfer. Aber einmal vergaß er das Opfer an Artemis. Da war die Göttin zornig und schickte in ihrem Groll einen wilden Eber, der das Kalydonische Land verwüstete. Das Untier wühlte die Äcker auf, zertrampelte die aufgehende Saat, hob mit seinen Hauern stehende Bäume mitsamt den Wurzeln aus dem Boden, mordete Vieh und Menschen. Kein Jäger konnte das Tier erlegen, nicht einmal des Königs Sohn Meleager, der ein berühmter Jäger war. Da schickte Meleager eine Botschaft an die Jäger in allen Landschaften mit der Bitte, sie möchten ihm helfen, in einer Treibjagd den Eber einzukreisen und zu töten. Viele sind der Aufforderung gefolgt: Peleus ist vom Pelion in Thessalien gekommen, die kühne Jägerin Atalante aus Arkadien und mit ihr Melanion, der sie im Wettlauf besiegte und zur Frau gewann; Akastos, der Sohn des Pelias, und das Brüderpaar Kastor und Polydeukes stoßen zur Jagdgesellschaft. Den Teilnehmern sind Namen beigeschrieben, sogar die Hunde haben ihre Rufnamen (Abb. 65). Der Eber mit den weißen Hauern ist aufgetaucht, die Borsten sind aufgestellt, er ist zum Angriff bereit. Die Jäger haben ihn von zwei Seiten umstellt und gehen zwei zu zwei, mit gleich erhobenen Lanzen, im einheitlichen Schritt und gleichem Mut auf das Untier los. Sie kennen den Eber und wissen, daß er seitlich nicht ausweicht, sondern kämpferisch nach vorne drängt. Den Arkader Ankaios, den allseits berühmten Ringer, der eine solche Stärke besaß, daß er dem Gegner den Brustkorb eindrückte, diesen wilden und unerschrockenen Jäger hat der Eber überrannt. Ankaios liegt tot zwischen den Hinterbeinen des Tieres. Seinem Hund hat der Keiler den Bauch aufgerissen. Es geht ums

65

Ganze. Die Bogenschützen mit spitzen Mützen sind in die Knie gegangen, um besser zielen zu können. Vier Pfeile stecken im Körper des Tieres. Die Hunde rennen auf den Keiler los, einer ist ihm auf den Rücken gesprungen, ein anderer hat sich hinten festgebissen. Die Brüder Kastor und Polydeukes stoßen mit ihren Lanzen von hinten auf das Tier. Der Eber setzt zum Sprung auf Meleager und Peleus an und rennt mit dem Rüssel in die Spitzen ihrer Lanzen. Den Todesstoß versetzt die Jägerin Atalante dem Eber und erhält aus der Hand des Meleager dafür Kopf und Fell des Untiers als Jagdpreis.

Das Schicksal des Meleager

Meleager war ein großer Held und ein edler Mensch. Ihm war ein kurzes Leben zugeteilt. Neun Tage nach der Niederkunft seiner Mutter kamen die drei Schicksalsgöttinnen, um des Kindes Zukunft zu bestimmen. Da sagte Atropos, eine von ihnen, die den Lebensfaden abschneidet: »Wenn das flammende Holzscheit auf dem Herd zu Asche verglüht ist, wird auch das Leben des Kindes erloschen sein.« Da erschrak die Mutter Altheia sehr. Als die drei gegangen waren, zog sie das Holz aus der Feuersglut, löschte es und legte es in eine Truhe, die niemand sah, noch kannte jemand den Ort, wo sie den Kasten versteckte. So war das Kind gerettet, wuchs auf und wurde der gewaltige Held Meleager. Und doch ist es die Mutter, die dem Sohn den Tod bringt.

Als Herakles in die Unterwelt kam, um den Höllenhund auf die Erde zu holen, erblickte er den Schatten des toten Meleager und langte aus Furcht

Ankaios

Kastor
Polydeukes

vor dem großen Helden zu seinen Pfeilen. Das sah Meleager und sprach zu Herakles: »Du brauchst von mir nichts zu fürchten, Sohn des Zeus und der Alkmene.« Herakles war überrascht und sagte, halblaut, wie einer der zu sich selber spricht: »Welcher Unsterbliche, welcher Mensch zog einen solchen Sprößling auf und in welchem Land? Wer hat diesen edlen Helden getötet?« Da erzählte Meleager, mit Tränen in den Augen, sein Leben und sein Ende, erzählte von seinem Vater, der das Opfer an Artemis am Erntefest vergaß, von dem Groll der Göttin, die aus Rache den wilden Kalydonischen Eber schickte, nannte die Helden, die bei der Eberjagd umkamen, sprach vom Streit um Kopf und Fell des erlegten Ebers. Der edle Mann, der sich mit Peleus in vorderster Reihe dem Eber entgegenstellte, nahm den Preis nicht für sich, sondern gab ihn der Jägerin Atalante. Weil zwei Brüder seiner Mutter Atalante den Preis streitig machten, erschlug der gerechte Meleager die beiden. Erbost über diese Tat des Sohnes, holte die Mutter das Holzscheit, an dem des Sohnes Leben hing, aus der Truhe und warf es ins Herdfeuer, wo es verglühte – und mit ihm erlosch das Leben des Meleager. Als Herakles, der Kämpfe und Mühen erfahren hatte wie kein anderer, das Schicksal des Meleager hörte, sein Leiden und seinen frühen Tod, da wurden ihm die Augen feucht, das einzige Mal in seinem Erdendasein.

Eriphyle

Alkmeon

Amphiaraos

66

Die Ausfahrt des Amphiaraos in die Schlacht um Theben

Im Hof mit zwei schön gebauten Häusern hat sich die Familie und das Gesinde eingefunden, um den Herrn Amphiaraos zu verabschieden (Abb. 66). Auch die Tiere, die zu einem Gehöft gehören, sind dabei: Die wendigen Eidechsen, die sich auf heißen Steinen und im alten Gemäuer wohlfühlen, sind herbeigeeilt; der gefährliche Skorpion mit dem Giftstachel im Schwanzende sitzt an der Hauswand; der pfiffige Igel hat sein Lager in der Hecke verlassen, stellt die Stacheln auf und geht ruhig seines Wegs. Auf dem Dach sitzt die kluge Eule mit den runden Augen im Köpfchen. Eine Schlange ringelt sich. Ein Vogel fliegt herbei, der dem Gespann auf seinem Weg als Todesvogel folgen wird. Das Hündchen ist am meisten von allen Tieren von dem Abschied berührt und möchte auf den Wagen hinauf, um bei seinem Herrn zu sein. Die Pferde sind am Streitwagen angeschirrt und bewegen voll Eifer Beine und Köpfe. Der Stallmeister steht noch vor dem Gespann; er wird zur Seite treten, wenn der Wagen das Hoftor verläßt. Zwei Frauen, ein

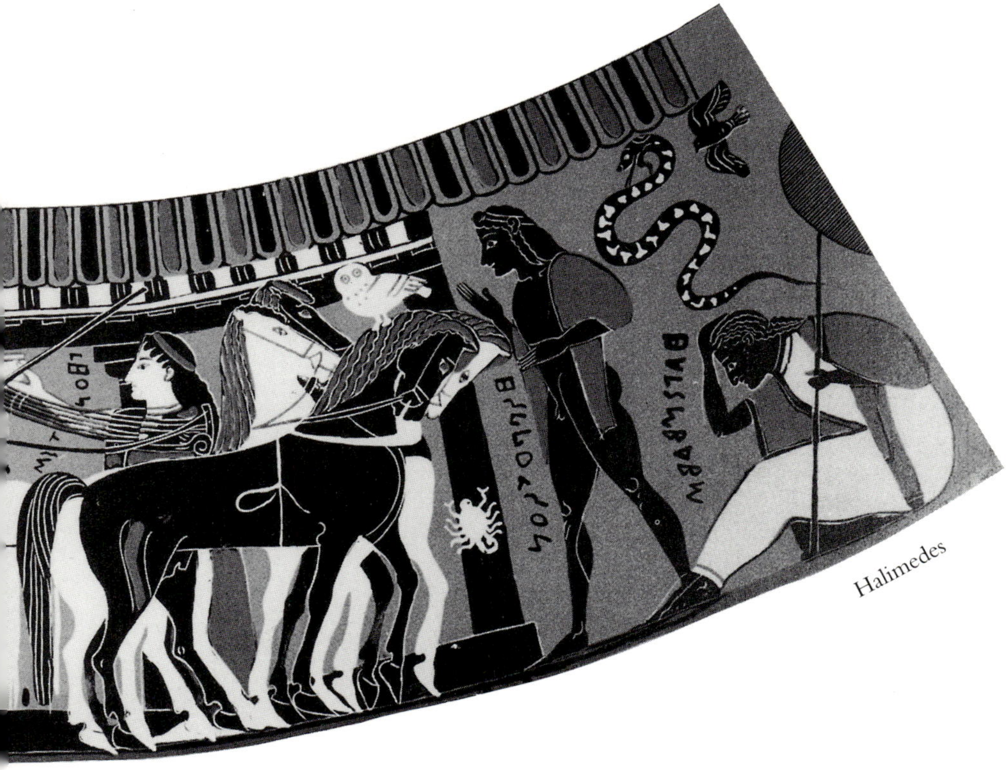

Halimedes

67

Polyneikes Eriphyle

Mädchen und zwei Knaben erheben die Hände zum Abschied und wünschen eine gute Heimkehr. Nur eine, ganz hinten, steht regungslos und öffnet nur leicht den Mantel; in der Hand hält sie ein Halsband. Auf dem Wagen steht Baton, der Wagenlenker, im langen weißen Gewand, den Schild auf dem Rücken aufgebunden; er hält die Zügel der Pferde, eine Magd reicht ihm die Schale mit Wein als Abschiedstrunk. Amphiaraos, größer und mächtiger an Gestalt als alle, besteigt den Wagen in voller Rüstung, mit Helm, Brustpanzer und Beinschienen. Sein Schwert hält er drohend, als gelte es jetzt schon, einen Gegner zu treffen. Der grimmige Blick, der aus den Augenschlitzen des Helmes dringt, trifft die Frau mit dem Halsband in der Hand. Es ist Eriphyle. Am Tag ihrer Hochzeit hatte sie ihm das Versprechen gegeben, von einem Mann mit Namen Polyneikes kein Geschenk anzunehmen. Amphiaraos ist ein Seher, er sieht das kommende Unheil voraus, sollte seine Frau irgendein Geschenk des fremden Mannes annehmen.

Es kommt anders als Eriphyle versprochen hat: Polyneikes, der sich zum Feldzug gegen seinen Bruder Eteokles rüstet, um den Anspruch auf den Thron von Theben zu erkämpfen, begibt sich zum Haus des Amphiaraos.

68

Eriphyle Alkmeon Amphiaraos Baton

Eriphyle tritt vor das Haus, gefolgt von dem Hauskranich (Abb. 67). Polyneikes zieht aus dem Schmuckkästchen das verführerische goldene Halsband. Eriphyle nimmt es an. Es ist das Band, das sie bei der Ausfahrt ihres Mannes in der Hand hält: das verhängnisvolle Geschenk des Fremden, das Amphiaraos gegen seinen Willen zwingt, an dem Feldzug teilzunehmen, von dem er nicht mehr in die Heimat zurückkehren wird.

Es ist keine freudige Ausfahrt. Vor den Pferden am Hoftor hockt ein Mann am Boden, den Stab in der Hand, und langt sich mit der Rechten an die Stirn. Es ist der Seher Halimedes, der das Unheil voraussieht, das auf Amphiaraos zukommt. Sieben zogen gegen Theben, die Stadt mit den sieben Toren. Keiner kam zurück. Die beiden Brüder Eteokles und Polyneikes fielen im Zweikampf, der eine durch des anderen Hand. Kapaneus, der sich dazu verstieg, mit einer Leiter die Mauern der Stadt stürmen zu wollen, traf für sein frevlerisches Wort der Blitzstrahl des Zeus. Amphiaraos wurde mitsamt seinem Gespann lebendig von der Erde verschlungen: Zeus hatte mit dem Blitz die Erde geöffnet, damit sie den großen Krieger und Seher aufnehme. Die Bewohner eines Hafenstädtchens an der Ostküste Attikas behaupteten, daß sich die Erde in allernächster Nähe ihres Dorfes aufgetan habe. Das Amphiareion wurde seine berühmte Orakel- und Heilstätte. Sein Andenken blieb durch alle Zeiten.

Amphiaraos und sein Wagenlenker sind bereit zur Ausfahrt in die Schlacht (Abb. 68). Zuvor übergibt er seinem Sohn Alkmeon das Schwert. Er wird den Tod seines Vaters an der Mutter rächen, die ihren Gatten um ein Halsband verkauft hat. Die Mutter Eriphyle steht hinter dem Sohn.

Ödipus und das Rätsel der Sphinx

Dem König Laios und der Königin Iokaste von Theben wurde vom Delphischen Orakel vorausgesagt, wenn sie einen Sohn bekämen, würde dieser den Vater töten. Dem neugeborenen Sohn durchstieß der König die Füße und ließ ihn von einem Hirten im Gebirge aussetzen. Ein kinderloses Fürstenpaar in Korinth nahm das Findelkind auf. Als Ödipus groß geworden war, machte er sich auf den Weg nach Delphi, um von Apollon Gewißheit über seine Eltern zu erhalten. Der Gott gab ihm die Antwort, es sei ihm bestimmt, seinen Vater zu töten und seine Mutter zu heiraten. Daraufhin kehrte Ödipus nicht mehr nach Korinth zurück. Das Schicksal nimmt seinen Lauf. Auf dem Weg von Delphi nach Theben gerät Ödipus mit dem König Laios in einen Streit und erschlägt ohne Wissen seinen eigenen Vater. Er kommt zum Felsen vor der Stadt, auf dem die Sphinx sitzt, halb Frau, halb Löwe (Abb. 69). Ursprünglich war sie ein räuberisches Wesen, später auch Rätselstellerin, die jeden tötete, der vorüberkam und das Rätsel von dem Wesen, das morgens vier, mittags zwei und abends drei Beine hat, nicht lösen konnte. Ödipus löst das Rätsel und befreit die Stadt von der Würgerin.

Ödipus gewann die verwitwete Königin Iokaste und heiratet, nicht wissend, seine eigene Mutter. Denn als man ihn einst von Theben wegbrachte, war er noch ein Kind und hatte keine Erinnerung an die Eltern und die Stadt. Als er König war, suchte eine furchtbare Seuche Theben heim, die nur durch die Sühne für den Königsmord abgewehrt werden konnte. Ödipus verfluchte den Mörder des Laios, nicht wissend, daß er selbst der Mörder war. Durch den Seher Teiresias und den Hirten, der ihn einst ins Gebirge brachte, wird es offenkundig: Ödipus, der Nachfolger des Laios auf dem Thron von Theben, ist sein Sohn und Mörder, der Gatte der Königin ihr Sohn, der Vater der gezeugten Kinder ist ihr Bruder. Die furchtbaren Greuel sind aufgedeckt. Iokaste erhängt sich. Ödipus durchstößt mit eigener Hand seine Augen.

69

Ödipus Sphinx von Theben

Die greisen Thebaner erhoben Klage über den unglücklichsten aller Könige, der schuldlos von Kind an unter dem Fluch des Schicksals stand. Seine Töchter Antigone und Ismene begleiteten den blinden Vater nach Athen, zum König Theseus. Wissend, daß es für ihn keinen Morgen mehr gibt, vertraut Ödipus seine beiden Kinder dem Schutz des Königs an. Und während Ödipus und Theseus auf dem Kolonoshügel beieinanderstanden, ertönte eine göttliche Stimme: »Er möge kommen.« Kein Zweifel, daß es Hermes, des Totengeleiters Stimme war, die ihn rief, sich zu beeilen. Theseus allein war Zeuge, als der edle König in einer wunderbaren Erscheinung von der Erde genommen wurde. Auf dem Kolonoshügel, dem Ort vieler Gebete und Opfer, liegt sein Grab. Wo genau, das wußte niemand außer Theseus.

70

Hermes Eurydike Orpheus

Orpheus und Eurydike

Orpheus wuchs in Pierien auf, im Land der Musen, eine Muse war seine Mutter, Apollon sein Vater. Er war der berühmteste Sänger seiner Zeit. Von seinem Gesang und seinem Leierspiel ging ein solcher Zauber aus, daß

Menschen und Tiere ihm zuhörten, Vögel in endloser Zahl über seinem Haupt schwebten, Pflanzen und Felsen sich bewegten, Fische emporsprangen aus dem blauschwarzen Meer, Flüsse aufhörten zu fließen, so schön war sein Gesang und sein Saitenspiel.

Als seine Frau Eurydike am Biß einer Schlange gestorben war, ging Orpheus in seinem Kummer in die Unterwelt, aus der kein Sterblicher wiederkehrt, und erweichte Hades mit seinem Spiel, bis der ihm erlaubte, Eurydike wieder zu sich an die Oberwelt zu nehmen – unter einer Bedingung: sich auf dem Weg nicht zu ihr umzudrehen. Doch die Liebe war stärker als das Verbot, und Orpheus hat sein Versprechen nicht eingehalten. Er dreht sich zu Eurydike um. In leisen Gesten, im Berühren der Hände, im Neigen der Köpfe, im Bezug der Gestalten zueinander findet die innige Zuneigung ihren vollen Ausdruck (Abb. 70). Da nimmt Hermes, größer als die beiden Sterblichen, die Hand der Eurydike. Wiedersehen und Abschied für immer ist das Thema. Hermes ist Geleiter, aber der Weg führt nicht ans Licht des Tages, sondern wieder in das Dunkel des Hades.

Orpheus' Ende war schrecklich: Wilde Mänaden aus dem Kreis des Dionysos fielen über ihn her, nahmen ihm Leier und Kranz, rissen ihn in Stücke und warfen sein abgeschlagenes Haupt mit der Leier ins Meer. Die Strömung trug den singenden Kopf und die tönende Leier an den Strand der Insel Lesbos. Da nahmen sich die Musen seiner an, und sie begruben ihn am Fuß des Olymp. Nachtigallen sangen auf seinem Grab, schöner als irgendein Vogel auf der Welt.

Kentauren bei der Hochzeit des Lapithen Peirithoos

Kentauren sind Roßmenschen, ihre menschliche Gestalt ist an den Pferdekörper gebunden. Sie hausen in Höhlen in der Wildnis, in Bergwäldern. Rohe Gesellen sind sie, die übermäßig trinken, ausarten und gewalttätig werden. Sie nehmen Baumäste als Waffen bei der Jagd und im Kampf. Lapithen sind Männer von gewaltiger Stärke, die in Thessalien und in der Peloponnes leben, als unerbittliche Gegner der Kentauren.

Als Peirithoos, König der Lapithen, mit Hippodameia Hochzeit feierte, waren viele Gäste geladen, unter ihnen auch Theseus. In Marathon, wo Peirithoos einst die Rinder des Theseus stehlen wollte, waren sie noch Feinde gewesen, aber als sie sich gegenüberstanden, schloß der edle Theseus Freundschaft mit dem Lapithenfürsten.

Die Tische im Hochzeitssaal, auf denen die Gäste eben noch lagen und speisten, sind leer (Abb. 71). Die Frauen sind geflohen. Angelockt durch den Duft des Weines und der Speisen, sind Kentauren in den Festsaal eingedrun-

71

Kentaur/Lapith Th

gen. Eine regelrechte Saalschlacht ist im Gange. Die Kentauren schlagen mit Baumästen zu; die Lapithen haben ihre Schwerter gezogen. Der Beilschwinger ist Theseus: Ausholend schlägt er mit der Axt auf den Kentauren ein, der sich mit einem Polster zu schützen sucht. Schließlich gelingt es, die Waldteufel zu vertreiben.

Kentauren stampfen den Lapithen Kaineus in den Boden

Die Lapithen sind den Menschen an Stärke überlegen. Der stärkste unter ihnen ist Kaineus, der Unverwundbare, dem keine Waffe etwas anhaben

72

Kentaur Kaineus Kentaur

Kentaur Peirithoos/Kentaur

kann. Als die Kentauren über ihn herfallen, können sie ihn nicht töten. So reißen sie Baumstämme aus dem Boden und schlagen so lange auf Kaineus ein, bis er im Erdboden verschwunden ist (Abb. 72).

Der Kentaur Chiron

Die Griechen kannten außer dem Wissen des Menschen auch mit Weisheit begabte Naturwesen: die Sphinx als Rätselstellerin von Theben, den weisen Silen des Dionysos und andere. Sokrates, den das Delphische Orakel den einzigen wahren Weisen nannte, hatte das Aussehen eines Silens.

73

Chiron Achilleus/Peleus

Zu den klugen Naturwesen gehörte Chiron aus dem Geschlecht der Kentauren. Zwar war er wie seine Brüder in seiner äußeren Erscheinung halb Mensch, halb Pferd, aber im Wesen anders als seine Verwandten, die wilden, ausfallenden Kentauren. In einer Höhle auf dem Pelion lebte er allein. Chiron galt als erfahrener Jäger und begabter Musiker. Bekannt wurde er als Lehrer vieler Griechenhelden: Er hat Aias, Patroklos, Palamedes, Meleager, Jason und andere erzogen und sie auf ihre künftige Aufgabe vorbereitet. Sein bekanntester Zögling war Achilleus, der Thetis und des Peleus Sohn. Der Vater brachte ihn einst selbst zu Chiron (Abb. 73).

Chiron besaß die Gabe der Prophezeiung, konnte zukünftiges Geschehen voraussagen, Teiresias hat von ihm die Sehergabe bekommen. Seine Kenntnisse reichten tief in die Geheimnisse der Natur. Er kannte alle heilkräftigen Kräuter wie ein Apotheker. Er lehrte auch die Heilkunst: Ärzte wie Machaon und Podaleirios waren seine Schüler; Apollon schickte seinen Sohn Asklepios auf den Pelion, damit er dort die vollkommene Ausbildung eines Arztes erfahre.

Chiron war eine gütige und weise Gestalt. Als ihn aus Versehen ein giftiger Pfeil traf und die Wunde nicht heilen wollte, ging er freiwillig in die Unterwelt. Er wollte sich opfern, auf daß Prometheus wiederkehre aus der Unterwelt. Er, der viele heilte, hat sich vielleicht selbst nicht heilen wollen, wissend, daß das Schicksal die Lebenszeit zuteilt.

König Midas mit den Eselsohren

In den Rosengärten des Königs Midas von Phrygien schläft ein Silen seinen Rausch aus. Er war vom Zug des Dionysos durch die Lande zurückgeblieben, um seinen Durst zu löschen, und schöpfte Wasser aus einer Quelle, in die Midas absichtlich Wein gemischt hatte. Lange Zeit schon ließ der König nach dem weisen Silen suchen, der viele Dinge wußte und Kunde hatte von künftigem Geschehen, um von seiner Lebensweisheit zu erfahren. Wächter des königlichen Gartens entdecken den Silen zwischen Rosenstauden liegend, nehmen ihm den Weinschlauch ab, fesseln ihn und führen ihn zum König (Abb. 74). Der freute sich sehr, ihn zu sehen. Doch die Enttäuschung war groß, als ihm der Silen auf seine Frage, was denn dem Menschen das Allerbeste sei, trocken ins Gesicht sagte: »Die Menschen sind ein elendes Eintagsgeschlecht. Das Beste für dich wäre, nicht geboren zu sein, und wenn schon, dann so früh wie möglich zu sterben.« Midas, tief enttäuscht, bewirtete dennoch den Silen mehrere Tage und schickte ihn dann zurück zu

74

Flurwächter Silen Flurwächter

Dionysos. Der Gott war froh, seinen Silen wieder bei sich zu haben, und ließ Midas wissen, er möge sich zum Dank etwas wünschen. Midas war sprichwörtlich reich an Gütern: Die Rosen seiner Gärten waren berühmt, sie übertrafen alle an Fülle der Blätter und Stärke des Duftes. Dennoch war er mit seinem Reichtum nicht zufrieden. Sein Wunsch, alles, was er anfasse, möge zu Gold werden, wurde ihm erfüllt. Die Blumen, die Zweige, die Steine, die Erde, der Stuhl, der Tisch wurden zu Gold, sobald er sie berührte. Und als die Diener ihm seine Tafel mit Leckerbissen und Getränken deckten und er danach langte, wurden auch Speisen und Getränke zu Gold. Während der Reichtum von Stunde zu Stunde wuchs, wurde der Hunger immer unerträglicher und der Durst immer brennender. Dem Ende nahe, flehte er, man möge ihm diese Gabe wieder nehmen. Dionysos ließ ihn wissen, ein Bad im Fluß Paktolos werde ihn erlösen. Midas folgte dem Rat des Gottes. Der Sand des Flusses führt seitdem Goldkörner. Da traf den reichen König ein neues Mißgeschick, das sein Aussehen sehr veränderte: Als Apollon und der Satyr Marsyas sich im Musikwettstreit gegenüberstanden – Apollons Kithara gegen die Flöte des Marsyas –, gab Midas als Schiedsrichter dem Marsyas den Siegerpreis. Zur Strafe wuchsen dem König lange Eselsohren. Niemandem konnte er sie verbergen, so tief er auch die Kappe über das Gesicht bis zum Kinn herabzog. Eselsohren haben die Silene, so wurde Midas auch ein enger Angehöriger des dionysischen Kreises.

Midas war einer der reichsten Menschen der damaligen Zeit. Doch sein Reichtum genügte ihm nicht, er wollte noch mehr als er schon besaß. Seine Gier nach Gold brachte ihm Eselsohren ein. Am Ende war dieser reiche König eben doch ein armer Teufel. Dem weisen Silen des Dionysos richteten die Leute von Elis einen Kult ein und weihten ihm einen Tempel.

75

Die Kraniche und das Zwergenvolk der Pygmäen

Der Kranich ist ein stolzer und kluger Vogel, von edler Gestalt mit seinem schlanken Hals, dem schönen Kopf und dem spitzen, harten Schnabel, dem anmutigen Schritt der langen Beine. Jede seiner Bewegungen ist schön, als wüßte er um seinen Rang im Reich der Vögel. Er hält sich mit einer gewissen Scheu gegenüber anderen Artgenossen zurück, lebt gut mit ihnen zusammen. Zu Menschen ist er zutraulich. Wenn sie freundlich zu ihm sind,

Kraniche und Pygmäen

fühlt er sich heimisch im Haus und Hof des Besitzers. Er ist aber auch entschlossen zum Streit, wenn seine kämpferische Anlage gereizt wird.

Im Herbst, wenn die Blätter der Bäume sich gelb und braun färben und sich leicht vom Stengel lösen, die Felder abgeerntet sind und die Nebel aufsteigen aus den Tälern, erheben sich die Kraniche in großen Schwärmen und ziehen in keilförmiger Ordnung in großem Bogen hoch in der Luft über das Land. Der Zug geht nach Süden, zur Winterherberge am Okeanos-Strom, der nach der Vorstellung der Griechen die Erdscheibe umfließt und ihre äußerste Grenze bildet. Dort beginnt alljährlich der Kampf mit den

Pygmäen, einem sagenhaften Zwergenvolk. Ihnen sind die Kraniche spinnefeind. Warum sie sich bekriegen? Weil die Kraniche auf den Feldern der Pygmäen ihr Futter holen? Wahrscheinlich können die stolzen, edelgewachsenen Kraniche das Zwergenvolk einfach nicht leiden.

Die Schlacht ist in vollem Gang (Abb. 75). Vierzehn Kraniche stehen einer Übermacht von zwanzig Pygmäen gegenüber. Vier Pygmäen sind gefallen, hingestreckt auf den Boden. Ein Kranich liegt tot auf der Erde, einem zweiten drückt ein Gegner den Hals zu und nimmt ihm die Luft, ein dritter hat den Kampf aufgegeben und geht zu Boden. Die Kraniche kämpfen mit ihrem spitzen, harten Schnabel und zielen auf das Auge des Gegners, die verwundbarste Stelle. Sie fliegen zu zweit oder zu dritt an. Ihr wildes Geschrei geht dem Gegner durch Mark und Bein, das Schlagen so vieler Flügel stiftet obendrein Verwirrung. Die Waffen der Pygmäen sind Krummstab und Knüppel. Mit dem Krummstab hängen sie sich an den Hals des Vogels und suchen ihn zu Boden zu ziehen, um dann mit dem Knüppel auf ihn einzuschlagen. Noch ist die Schlacht nicht entschieden. Das Fußvolk ist in Bedrängnis geraten. Da kommt Verstärkung durch die Reiterei. Auf gehörnten Ziegenböcken, die hergerichtet sind wie Pferde mit Zaumzeug und Zügel, sprengen zwei Bogenschützen auf Böcken in den Kampf. Die Tiere machen vor den Kranichen halt, damit die Reiter besser zielen können. Auch der rechte Flügel bekommt Verstärkung: Steinschleuderer sprengen auf Böcken in gestrecktem Galopp in die Schlacht. Die Ziegenböcke verbreiten Furcht und Schrecken; kämpfen können sie nicht, aber sie sind starrköpfig, schrecken vor nichts zurück; eher gehen sie mit dem Kopf durch die Wand, als daß sie aufgeben. Auf der Weide lassen sie nicht von der Baumrinde, wenn sie nicht wollen. Hirtenbuben kennen die launigen, sturen Tiere, sie wissen was es heißt, Ziegenböcke hüten.

Eine dramatische Szene spielt sich in der Mitte des Kampffeldes ab: Ein Kranich schießt mit weitem Flügelschlag auf einen Pygmäen mit Hut zu, der gerade noch den Krummstab um den Hals des Vogels legen kann, ehe er erschreckt den Knüppel fallen läßt und sich seinem Schicksal ergibt. Im letzten Augenblick, bevor der Vogel den spitzen Schnabel in das Auge des Gegners sticht, kommt ein anderer dem Genossen zu Hilfe und hakt den Krummstab am Hals des Vogels ein, um ihn doch noch vom Auge wegzureißen – zu spät.

Wie auch die Schlacht ausgehen wird: Tote auf beiden Seiten. Es wird kein Friede sein zwischen dem Vogelvolk und dem Pygmäenvolk. Im nächsten Jahr, wenn die Kraniche wieder ihr Winterquartier aufsuchen, wird der Kampf erneut aufflammen.

Paris als Schiedsrichter im Schönheitswettbewerb der Göttinnen

Als Peleus und Thetis Hochzeit feierten und die Götter beim Festmahl saßen, fiel in die Tafelrunde ein goldener Apfel, darauf stand: »der Schönsten«. Es war Eris, die Göttin des Streites, die verärgert, weil man sie nicht geladen hatte, mit dem schrecklichen Vorzeichen des Krieges in Händen erschien. Eris, ein Kind der Nacht, hatte Kinder geboren, die noch schlimmer waren

76

Hirte Hermes Hera Athena Aphrodite

als sie: Mühsal, Kampf, Mord, Streit, Lüge, Hader, Leiden, Hunger..., alles leibhafte Gestalten. Drei Göttinnen bewarben sich um den Titel der Schönheit: Hera, Athena und Aphrodite. Aber wer sollte entscheiden? Als Zeus davon hörte, legte er das Urteil in die Hände des Paris, des Schönsten aller Sterblichen.

Wer war dieser Paris? Paris war einer der Söhne des Königs Priamos von Troja. Zu jener Zeit hütete er Rinder und Ziegen auf dem Berg Ida. Paris hatte kein alltägliches Schicksal. Als seine Mutter Hekabe guter Hoffnung war, hatte sie einen seltsamen Traum: Sie träumte eine lodernde Fackel zu gebären, deren Feuer sich auf Troja ausbreitete und die ganze Stadt in Asche legte. Sie erschrak und gab das neugeborene Kind einem Hirten, damit er es auf dem Ida aussetze. Der Hirte Agelaos fand das Findelkind in der Höhle einer Bärin, nahm es zu sich und zog es auf. Der unbekannte Knabe wurde ein Hirte; die Hirten nannten ihn Paris, und als er erwachsen war Alexandros, weil er mutig war.

Als die Stunde der Preisverleihung kommt, führt Hermes die drei Göttinnen ins Ida-Gebirge. Der Weg ist beschwerlich und holprig, aber was nehmen selbst Göttinnen nicht alles auf sich, wenn es auch nur um den kurzlebigen Titel »die Schönste« geht. Etwas seltsam ist der Zug (Abb. 76): voran der weißhaarige Hirte als Wegführer, ein lehmfarbener Hermes als Geleiter der drei. Etwas bieder schauen sie drein: Hera, eher einer Witwe gleichend als einer Frau mit Anspruch; hinter ihr Athena mit dem lustigen Hütchen, hergerichtet wie eine Dorfschönheit, und Aphrodite, mehr herausgeputzt wie eine städtische Dame.

Als die drei sieben Jahrzehnte später auf den Ida ziehen, sind sie eleganter (Abb. 77), die Gewänder aus feinem Stoff gearbeitet. Athena in kriegerischer Aufmachung, Hera fürstlich mit dem Zepter und Aphrodite umschwärmt von Eroten, die der Göttin Gewand und Schleier zurechtmachen. Paris sitzt auf einem Felsblock und spielt die Leier; seine Tiere sind um ihn, als der kleine Zug ankommt. Hermes erklärt ihm zunächst, worum es geht. Die Göttinnen warten auf ihren Auftritt. Eine jede bietet Paris ihre Gaben an: Hera verspricht ihm Königtum und Herrschaft, Athena Sieg und Ruhm, Aphrodite bietet ihm Helena aus Sparta, die Schönste der irdischen Frauen. Die Wahl fällt Paris nicht schwer. Es ist nicht allein die Schönheit, die Aphrodite zur Auserwählten macht, es ist vor allem die Götter und Menschen bezwingende Macht dieser Göttin, der sich niemand entziehen kann,

77

Paris Hermes Athena Hera Aphrodite

schon gar nicht Paris, der weder sich zum Schiedsrichter bestimmt noch die Göttinnen gerufen hat.

Paris wurde Troja, dem Haus des Priamos, der Stadt und seinen Bewohnern zum Verhängnis, ohne es zu wissen, ohne es zu wollen. Das Unheil, an dessen Anfang er steht, war nicht allein die Schuld des Hirten Paris.

78

Äneas Paris Helena Aphrodite Peitho

Paris entführt Helena von Sparta nach Troja

Paris verläßt den Ida und seine Tiere, mit denen er als Hirte aufgewachsen war. Er hat den Schiedsspruch im Schönheitswettbewerb der drei Göttinnen zugunsten der Aphrodite gefällt. Die schönste Frau, das war der Preis an den schönsten Mann. Aphrodite führte Paris nach Sparta zu Helena, der Frau des Menelaos. Helena war nicht sofort bereit, dem troischen Königssohn zu folgen. Es bedurfte der Zaubermacht der Aphrodite. Eros, Sohn der Göttin, der Verlangen in die Menschen senkt, schwebt zwischen Paris und Helena; auch Peitho, die göttliche Überredung und ständige Begleiterin der Aphrodite, wirkt mit (Abb. 78). Und während Aphrodite Helena den Brautschleier umlegt, faßt Paris ihre Handwurzel zum Zeichen, daß er Besitz von ihr ergriffen hat. Als Braut verläßt sie Familie, Haus und Hof und folgt dem fremden Mann nach Troja. Helena wie Paris sind Opfer der Macht Aphrodites. Der Feldzug gegen Troja steht unmittelbar bevor. »Helena war der Anlaß, den tieferen Grund kennen wir nicht« (Thukydides).

Aufbruch der Griechen zum Kampf um Troja

Vor genau dreitausend Jahren brachen aus achtundzwanzig griechischen Landschaften und Inseln die Heerführer mit ihren Kriegern zum Kampf um Troja auf. Sie kamen von der Argolis, aus Sparta und Athen, von Salamis und Euböa, aus dem Innern Arkadiens, von Elis und Messenien, von den Ionischen Inseln Ithaka und Kephallenia, es versammelten sich Kämpfer aus Böotien, Phokis, Lokris, Ätolien und der Phthiotis und anderen Orten. Von dem kleinen Hafen Aulis an der nördlichen Küste Attikas fuhr die Griechenflotte aus. Zu ihr stießen mit ihren Schiffen die Kämpfer von Kreta, Rhodos, Kos, Karpathos und Nisyros. Es sollen eintausendeinhundertsechsundachtzig Schiffe gewesen sein, die gegen Troja fuhren. Berühmte Heerführer und Krieger, die sich in der Schlacht auszeichneten, waren dabei: Agamemnon, König auf Mykene; Menelaos, König von Sparta, um dessentwillen der Heereszug aufbrach; Achilleus, als Sohn der Thetis und des Peleus von göttlicher Abstammung, war der stärkste Held, hart und unnachgiebig in seinem Zorn, aber nicht ohne menschliche Züge; Patroklos ein mutiger Kämpfer und Achilleus' treuer Freund bis in den Tod; der redegewandte und schlaue Odysseus von Ithaka; Diomedes, ein furchtloser und überlegener Kämpfer aus Ätolien; Aias aus Lokroi, mächtig im Lanzenkampf; Aias von Salamis, der stärkste nach Achilleus, und noch andere herausragende Kämpfer. Protesilaos, der Anführer der Thessaler, kühn wie der Kriegsgott Ares, fiel noch ehe die Kämpfe begannen: Als sein Schiff am Strand von Troja auffuhr, sprang er als erster Grieche an Land, ein Trojaner fällte den aresgleichen Kämpfer. Man vermißte ihn später sehr in der Schlacht. Teiresias und Kalchas zogen als Seher mit nach Troja, Machaon als Arzt. Eine der eindrucksvollsten Gestalten war Nestor vom sandigen Pylos an der Westküste der Peloponnes, ein Mann, der drei Menschenalter sah, ein Greis mit etwa achtzig Jahren. Er kämpfte nicht in der Schlacht, aber wenn eine Entscheidung getroffen wurde, holte man den Rat dieses weisen und erfahrenen Mannes ein und hörte auch auf ihn. Er wirkte versöhnend bei Streitigkeiten. Er wußte zu berichten von noch stärkeren Helden als denen, die jetzt in Troja kämpften.

Auf trojanischer Seite war Hektor, Sohn des Priamos und der Hekabe, der herausragende Kämpfer und Beschützer der Stadt, wie sein Name sagt: eine edle Gestalt, dem jede List fremd war. Die Trojaner schätzten ihn über alles. Die Griechen fürchteten ihn am meisten, wenn er in der Schlacht erschien. Antenor, Melanippos, Äneas und viele andere waren große Kämpfergestalten. Zu den einheimischen Kämpfern kamen fremde und befreundete Fürsten: Sarpedon von Lykien und Memnon, der Sohn der Morgenröte, mit ihren Kriegern. Es kamen Thraker, Kikonen, Phryger, Karer, Pelasger aus Larisa, Leute aus Mysien und vom Ida, um den Trojanern Hilfe zu geben. Der betagte König Priamos war standhaft bis zuletzt. Sein ganzes Haus hat die Schrecken des Krieges mitgetragen und miterlitten: Hekabe die Königin, ihre Töchter Polyxena und Kassandra, die Seherin, ihre Schwiegertochter Andromache. Opfer des Krieges waren viele Frauen und Kinder.

Als der Krieg begann, trennten sich die Götter in zwei feindliche Parteien: Auf der Seite der Griechen sind Poseidon, Hephaistos, Hermes und die im Schönheitswettbewerb nicht preisgekrönten Göttinnen Athena und Hera, auf trojanischer Seite Aphrodite, Apollon, Artemis und Ares. Über den Parteien steht Zeus, der Gerechte.

Philoktet auf der Insel Lemnos

Als Herakles am Ende seines Lebens von seinem vergifteten Gewand arg geplagt war, das er nicht mehr ausziehen konnte, so fest haftete es an seinem Körper, ließ er sich auf den Oita bringen, um auf dem Scheiterhaufen

79

Agamemnon Griechen Philoktet

verbrannt zu werden. Sein Sohn Hyllos weigerte sich, den Holzstoß anzuzünden. Da kam Philoktet des Weges, ein Fremder aus Thessalien, und erfüllte ihm den Wunsch. Herakles gab ihm zum Dank seinen Bogen und seine Pfeile.

Philoktet war Heerführer der Thessaler, die mit sieben Schiffen und je fünfzig Mann Besatzung am Feldzug teilnahmen. Als das Griechenheer auf der Insel Chryse vor Troja landete, um ein Opfer darzubringen, da geschah das Unerwartete: Die heilige Tempelschlange schießt auf Philoktet zu und beißt ihn in den Fuß. Umstehende bemühen sich um den Gemarterten (Abb. 79). Es blieb eine unheilbare Wunde mit quälenden Schmerzen. So leidet er wie Prometheus am kaukasischen Felsen; aber zu ihm kam kein rettender Herakles.

Odysseus setzte den armen Mann wie einen Aussätzigen in der öden Bergwildnis der menschenleeren Insel Lemnos aus. Und als man später von dem gefangenen trojanischen Seher Helenos erfuhr, daß Troja ohne den Bogen des Philoktet nicht erobert werden könne, schickte Odysseus Abgesandte auf die Insel. Philoktet war hocherfreut, als er griechische Stimmen hörte. Aber sie nahmen ihm den Bogen weg und ließen den leidenden Mann auf seinem Lumpenlager zurück. Mit dem Bogen nahm man ihm sein Leben, ihn selbst brauchten sie in Troja nicht mehr. Philoktets Hoffnung, doch noch am Feldzug teilzunehmen, zerschlug sich, sein Wunsch, wenigstens zu seinem alten Vater nach Thessalien heimzukehren, zerrann. Von Schmerzen ausgezehrt, ergab sich Philoktet seinem Schicksal und dankte im Leid noch dem Südwind, der sein von der Sonne der Bergwelt glühendes Haupt gekühlt hatte.

Anchippes fährt in die Schlacht

Der Krieger Anchippes fährt auf dem zweirädrigen Streitwagen in die Schlacht (Abb. 80). Als Kämpfer steht er in voller Waffenrüstung auf dem Wagen, sein Wagenlenker, im üblichen langen Gewand, hält die Zügel. Er wird den Wagen auf den Gegner zusteuern bis auf Reichweite des Bogens oder der Lanze. Wenn der Kämpfer abgestiegen ist und mit seinem Schwert dem Gegner im Nahkampf gegenübersteht, bleibt das Gespann bereit, ihn wieder aus der Schlacht zu tragen. Eine Sirene, ein Vogeldämon, fliegt mit in den Kampf: Es kann ein gutes Zeichen sein, es kann aber auch Schlimmes anzeigen. Und jedem Krieger folgen eine oder zwei Keren in die Schlacht: grausige Mischgestalten oder vogelartige Wesen mit schrecklichem Blick, bleckenden Zähnen und gräßlichen Krallen, die den Gefallenen vom Kampfplatz wegschleppen.

80

Anchippes Sirene

Der Überfall auf Troilos

Die Burgmauer von Troja ist mit regelmäßig zugeschlagenen, hellen Quadersteinen gebaut (Abb. 81). Ein prächtiges Tor mit Holzrahmen und schönen Metallbeschlägen führt ins Innere der Burg. Zwischen den Zinnen sind Steinkugeln aufgeschichtet, die gegen die Feinde geschleudert werden, wenn sie in die Nähe der Mauer kommen. Vor dem Stadttor liegt ein schönes Gebäude mit schlanken Holzsäulen und steinernen Kapitellen; darüber ein Metopenfries. Das Gebäude ist offen, man kann hineinschauen. »Krene« steht in griechischen Buchstaben an der Wand geschrieben, das heißt Quelle. Der Bau ist ein Brunnenhaus. Aus zwei Löwenköpfen fließt Wasser. Zwischen Brunnenhaus und Burg spielt sich eine aufregende Szene ab: Ein Reiter sprengt mit seinen Pferden stadteinwärts. Ein Mann mit Schwert eilt, weit ausholend, hinter ihm her. Ein Mädchen hat den Krug fallenlassen und läuft auf das Tor zu. Männer und Frauen gestikulieren lebhaft und erregt. Es ist etwas Überraschendes geschehen. Das Bild ist gesprächig, allen Personen sind Namen beigeschrieben, sogar der Wasserkrug hat einen Namen, er heißt Hydria, und der Stein, auf dem ein bärtiger Mann sitzt, nennt sich Takos, das heißt Sitz.

Apollon Troos Krene

81 Troilos Polyxena

Eines Morgens ging Polyxena mit dem Krug zum Brunnen in der Nähe des Skäischen Tores beim Heiligtum des Thymbräischen Apollon, um frisches Wasser zu holen. Ihr Bruder Troilos begleitete sie zu Pferd auf dem Weg, es ist ja Krieg zwischen Trojanern und Griechen. Da taucht Achilleus auf. Er hat im Hinterhalt auf Troilos gelauert. Die Schwester bangt um ihr Leben und flieht, dabei läßt sie den Krug fallen. Und hinterher sprengt ihr

ia Thetis Hermes Athena Achilleus

nor Priamos Hektor/Polites

Bruder. Achilleus will Troilos erreichen. Ein Orakel hatte verkündet: Troja wird nicht fallen, solange Troilos lebt.

Die Götter Apollon, Athena, Hermes und Thetis sind sprachlos über den Vorgang und heben erschreckt die Hände. Ein Jüngling mit dem Namen Troos hält den Krug unter das Löwenmaul, er hat den Vorfall noch nicht bemerkt. Aber das Troermädchen Rhodia hat den Krug stehenlassen, ist aus dem Brunnenhaus getreten und hebt erschrocken die Hände. Vor der Festung sitzt der alte König Priamos mit dem Zepter. Antenor, ein trojanischer Krieger im weißen Gewand, schreitet auf das Tor zu. Ein Zwischenfall! Aus dem Tor treten Hektor und Polites, Brüder des Troilos, in voller Waffenrüstung. Sie gehen in die Schlacht.

Das Brunnenabenteuer geht nicht gut aus. Apollon, hinter dem Gebäude, das in der Nähe seines Heiligtums liegt, steht in dem Krieg auf seiten der Trojaner. Er sieht den Vorfall. Eines Tages wird er den toten Troilos rächen. An derselben Stelle, beim Thymbräischen Apollon-Heiligtum, wird Achilleus fallen.

Achilleus und Aias beim Brettspiel in der Kampfpause

Im Griechenheer war Palamedes, ein ungewöhnlicher, erfinderischer Kopf. Er fand Buchstaben und Zahlen, kam von der Eins zur Zehn, zur Fünfzig und zur Tausendzahl. Er war ein Kenner der Gestirne und ihrer Umlaufbahn, lehrte, wie man Feuerzeichen in der Schiffsnavigation verwendet, den Kriegern ersann er zum Zeitvertreib das Brettspiel.

Achilleus und Aias in prächtig bestickten Gewändern haben ihre Schilde hinter sich zu einem kleinen Waffenturm abgestellt (Abb. 82). Aias hat noch den Helm dazugegeben. Nur ihre Lanzen tragen sie bei sich. Es ist Kampfpause. Das Spielbrett liegt auf dem mittleren Hocker. Die beiden sind ganz dem Spiel hingegeben. Achilleus gewinnt die Partie: er hat die Vier, Aias nur die Drei geworfen. Der Maler hat die Zahlen nahe an den Mund der Spieler geschrieben, als gäben sie selbst das Ergebnis bekannt. Worauf sich die Zahlen beziehen? Aias galt nach Achilleus als der stärkste Mann im Heer.

Palamedes, der edle und kluge Mann, starb auf niederträchtige Weise. Es kam so: Als Agamemnon Krieger zum Feldzug gegen Troja warb, suchte er auch Odysseus auf Ithaka auf. Der aber wollte nicht mitziehen, als er von einem Orakel erfuhr, daß er zwanzig Jahre von zu Hause fern sein werde. Er stellte sich wahnsinnig, schirrte ein Pferd und eine Kuh an den Pflug und ging mit dem seltsamen Gespann aufs Feld. Palamedes ahnte die List und legte Odysseus den eben geborenen Sohn Telemachos in die Furche. Als der Pflüger auswich, war die Heuchelei offenkundig. Odysseus hatte es dem Palamedes nicht vergessen und ihm Rache geschworen. In Troja angekommen, zettelte er eine Intrige gegen ihn an, schmuggelte einen angeblich von Priamos geschriebenen Brief und einen Batzen Gold in das Zelt des Palamedes, um ihn als einen Spitzel der Trojaner zu entlarven. Unter den Mauern Trojas wurde der edle Mann wie ein Verbrecher gesteinigt.

82

Achilleus Aias

Der Zweikampf von Achilleus und Memnon

Achilleus und Memnon haben den Platz ausgemessen, auf dem sie kämpfen werden. Sie stehen fest auf dem Boden, verwurzelt wie Bäume (Abb. 83). Ihre Waffen halten sie hoch erhoben, von Lanze und Schwert, von Pfeil und Bogen geht der Tod aus. Zur Rüstung gehören der Panzer, die Beinschienen, der Knöchelschutz, der Helm mit dem hohen Busch. Der Waffenschmied hat den in Erz getriebenen Schild innen mit Stierhäuten ausgelegt. Durch den Bügel schiebt der Träger seinen Arm. Vom Bügel gehen zwei Bronzestreifen aus mit Szenen des Kampfes und des Mythos. An der Außenseite ist das Schildzeichen aufgenietet: das Gesicht der Gorgo, die Skylla, die Sphinx, der Löwe, der Eber oder der Stier, die Schlange, der Adler, der Widder oder ein drohendes Menschenauge. Schildzeichen sind keine Familienwappen, kein bloßer Schmuck, auch keine übelabwehrenden Zeichen. Sie sollen den Gegner schrecken. Schildzeichen sind als Gleichnisse zu verstehen: Hinter dem Zeichen steht der Krieger, der gefährlich ist wie die Gorgo oder die Skylla, wild und stark wie der Löwe und der Stier, unnachgiebig wie der

83

Memnon Hermes Achilleus Eos Thetis Zeus/Hera

Widder und der Eber, schnell wie der Adler, voll Kampfeswut wie die Schlange, unheimlich wie das Auge des Kriegers, das aus dem Schlitz des Helmes den Gegner trifft. Richtiger gesagt: Im Kampf ist der Krieger eine Gorgo, ein Löwe, ein Adler, eine Schlange...

Beide Kämpfer sind von göttlichen Müttern geboren: Achilleus von Thetis, Memnon von Eos, der Morgenröte. Die beiden Mütter eilen zu Zeus, der, auf dem Thron sitzend, mit Hera dem Kampf zuschaut. Jede bittet für ihren Sohn. Zeus fällt die Entscheidung schwer, denn er liebt Memnon sehr. So nimmt er die Schicksalswaage und gibt sie Hermes, der sie an seiner Stelle zwischen den Kämpfern hält. Aber wie die Gesetze der Menschen nicht von Zeus sind – er wacht, daß sie eingehalten werden –, so ist er auch nicht Richter über Leben und Tod der beiden Kämpfer. Zeus befragt die Waage, sie zeigt den Ausgang des Kampfes an. In den Schalen liegen die Lose: zwei kleine Kriegerfiguren, für jeden Kämpfer eine. Wessen Schale sich zu Boden senkt, der unterliegt und fällt. Die Griechen wußten, daß nicht die Götter die letzte Entscheidung hatten, sondern das Schicksal, genannt Moira, eine unbestimmbare Gestalt. Moira ist der dem Menschen bei seiner Geburt »zugeteilte Teil«, in dem seine Lebensjahre und sein Los festgelegt sind.

Memnon war ein starker Kämpfer. Wenn er erschien, erstarrte der Gegner wie der Schiffer, den der Nordwind überfällt – ein Nordwind war Memnon seinen Gegnern. Memnon unterlag im Kampf gegen Achilleus. Er sank nicht zu Boden, er fiel wie ein Baum, der in einer gewaltigen Schräge stürzt.

84

Eos Memnon

Eos beklagt den toten Sohn Memnon und bringt ihn in die Heimat

Memnon ist im Kampf gegen Achilleus gefallen. Abseits vom Schlachtfeld, einsam unter Bäumen, auf Streu gebettet, liegt der tote Krieger (Abb. 84). Seine Rüstung haben Freunde zu einem vorläufigen Grabmal aufgestellt, als Mahnmal seines Todes. Die Mutter ist gekommen, um den toten Sohn zu waschen, zu salben, zu bekleiden und die Totenklage zu erheben. Eos steht als Mutter einsam und klagend vor ihm, ohne Trost.

Nicht Krieger tragen ihn in die Heimat. Eos selbst ist erschienen, jugendlich und geflügelt (Abb. 85). Sie wird ihn in das ferne Äthiopien bringen, um ihm dort einen Erdhügel zu schütten und darauf eine Grabstele zu setzen zu seinem Andenken. Auch er fiel, wie es ihm vom Schicksal vorausbestimmt war, als er geboren wurde. Die Heimholung des Gefallenen ist nicht das eigentliche Thema des Bildes. Eos hebt den Toten und hält ihn in ihren Armen. Die Handlung wird zum Bild des Verweilens der Mutter mit dem Sohn, der auch im Tod nicht entspannt ist, gilt doch auch von ihm, was der

85

Eos und Memnon

Dichter von anderen gefallenen Helden im Gleichnis gesagt hat: »Er fiel wie eine ragende Tanne, die Holzfäller geschlagen haben.« So blieb er auch als Toter.

Schlaf und Tod bringen den toten Sarpedon in die Heimat

Sarpedon, Fürst und Anführer der lykischen Krieger, war ein treuer Verbündeter der Trojaner. Von der Lanze des Patroklos getroffen, stürzte er zu Boden, die Wunde war tödlich. »Er sank wie der Eichbaum, wie die silbrige Pappel, die Zimmerer hoch im Gebirge fällten mit neu geschliffener Axt.« Als er fiel, war keine Mutter anwesend, die sich um den Leichnam küm-

86

Schlaf Sarpedon Tod

merte. Zeus, der Sarpedon sehr liebte – er war ja auch sein Sohn –, befahl, den aus vielen Wunden Blutenden von der Walstatt der fliegenden Pfeile weg an den Fluß zu tragen, ihn zu waschen, zu salben und zu bekleiden. Zeus' Absicht, Sarpedon lebend ins Lykierland zu bringen, hatte die boshafte Hera durchkreuzt: Erst als er tot war, durfte er heimkehren. Die Zwillingsbrüder Schlaf und Tod, als Freunde der Krieger gerüstet, heben den Leichnam auf, um ihn in die ferne Heimat zu bringen (Abb. 86). Der Tod des Sarpedon hat etwas Ergreifendes: Nicht die Entfernung zwischen Troja und Lykien ist es, sondern daß er fiel fern von Frau und Kind, allein in einem fremden Land.

Der tote Patroklos wird vom Kampffeld getragen

Als die Griechen in großer Bedrängnis waren, gab Achilleus seine Rüstung dem Freund Patroklos. Mit des Freundes Waffen, dem Panzer, den Beinschienen und Knöchelspangen, dem Helm, dem Schild und zwei Lanzen fuhr Patroklos auf dem Streitwagen in die Schlacht und drang bis an die Stadtmauer von Troja vor. Er hat den Rat des Freundes, den Kampf mit Hektor zu meiden, nicht befolgt: Als Toter kehrte er ins Griechenlager zurück. Apollon schlug ihm den Helm vom Kopf, und mit einem Schlag auf die Schulter löste sich der Panzer. Patroklos stand ohne Rüstung auf dem Schlachtfeld, da traf ihn Hektors Lanze tödlich. Der Waffen beraubt, liegt er nackt auf dem Boden. Zwei Mitkämpfer breiten das Totentuch über seinen Leib und tragen ihn vom Kampffeld (Abb. 87). Zwei Krieger begleiten ihn,

87

Patroklos Aias

einer ist Aias, der den Toten vor nachdrängenden Feinden abschirmt. Patroklos, der jugendliche Krieger und Freund des Achilleus, der von sich aus in den Kampf drängte, ist gefallen. Sein Tod läßt eine große Bitterkeit zurück.

Thetis holt dem Achilleus neue Waffen

Als Antilochos die Nachricht vom Tod des Patroklos in das Griechenlager brachte, erhob Achilleus die Klage um den Freund und sein eigenes Verschulden. Thetis hört die Nachricht und schluchzt auf. Aus der Tiefe des Meeres steigt sie empor und erfährt von Achilleus, daß seine Rüstung, die er dem Freund geliehen hatte, nun von Hektor getragen wird. Es ist jene Rüstung, die die Götter dem Peleus und der Thetis an ihrem Hochzeitstag für den zukünftigen Sohn Achilleus gebracht hatten. Da steigt Thetis zur unterirdischen Schmiede des Hephaistos hinab, um dem Achilleus neue Waffen zu holen (Abb. 88).

Hephaistos geht sogleich an die Arbeit. Er facht die Öfen an und läßt zwanzig Bälge blasen. Dann nimmt er Erz und Zinn, Gold und Silber und schmiedet mit dem schweren Hammer und der Zange auf dem Amboß den Schild und die Figuren. Der Ilias-Dichter hat beschrieben, was alles auf dem

88

Hephaistos Thetis

Schild zu sehen ist: die Erde, der Himmel und das Meer, der volle Mond und die unermüdliche Sonne und alle Sterne.

Zwei Städte sieht man auf dem Schild: Die eine ist erfüllt von Hochzeitszügen; Bräute sind aus ihren Kammern getreten und werden in Fackelzügen durch die Stadt geleitet, das Brautlied ertönt, Jünglinge drehen sich zum Klang der Flöte und Leier. Frauen stehen bewundernd vor den Türen der Häuser. Auf dem Markt ist ein Rechtsstreit ausgebrochen: Zwei Männer zanken sich wegen der Sühne um einen erschlagenen Mann. Die Meinungen gehen in der Volksversammlung auseinander. Die Ältesten sitzen im Kreis mit dem Zepter in Händen und halten Gericht. Zwei Talente liegen auf dem Pflaster als Sühnegeld.

Die andere Stadt wird von zwei Heerscharen belagert. Die Männer sind gerüstet zum Kampf. Auf der Mauer halten Frauen, Kinder und Greise

Wache. Die Belagerten machen einen Ausfall und Überfall. Athena und Ares, größer als die irdischen Krieger, stehen an der Spitze. An der Viehtränke am Fluß kommt es zur Schlacht. Unter die Kämpfenden mischen sich Dämonen des Kampfes, die grausame Ker und andere Wesen, die Gefallene und Verwundete wegschleppen. Rot vom Blut der Kämpfer ist ihr Gewand.

Da ist eine fette Flur. Pflüger ziehen mit Gespannen Furchen im Acker, die frisch gepflügte Erde ist tiefschwarz. Wenn die Pflüger zum Markstein kommen, reicht ihnen ein Mann einen Becher edlen Weines als Labsal.

Da ist auch ein Königsgut, wo Schnitter mit scharfen Sicheln das Getreide mähen, Garbenbinder mit Stricken die Halme schnüren; hinterdrein gehen Knaben und nehmen die Garben in die Arme. Und mitten unter ihnen steht, schweigend auf seinen Stock gestützt, zufrieden der König. Unter einer Eiche schlachten Knechte ein Rind. Frauen kneten Gerstenmehl und bereiten den Schnittern das Mahl.

Da ist ein Weingarten mit schweren, schwarzen Trauben an den Stöcken, der Garten ist eingezäunt mit Pfählen, nur ein Pfad führt hinein. Winzer ernten die Trauben; Mädchen und Knaben tragen sie in geflochtenen Körben weg. Unter ihnen steht ein Knabe mit der Leier und singt zur Weinlese das Linoslied, und alle stimmen ein und schreiten den Reigen.

Eine Rinderherde hat den Stall verlassen und zieht am Flußschilf entlang zur Weide. Vier Hirten und neun flinke Hunde leiten die Herde. Zwei furchtbare Löwen brechen in die Herde, reißen einen Stier und schleifen das blutende Tier weg. Die Hirten verfolgen die Raubtiere, die Hirtenhunde bellen und greifen an, weichen zurück, wenn die Löwen fauchen.

In einem Waldtal ist eine schöne Trift, darin schneeweiße Schafe; auch Ställe und Hütten mit schützenden Dächern gibt es.

Jünglinge in schön gewebten Röcken, goldene Dolche am Gurt, Mädchen in feinem Linnengewand und goldenen Stirnbändern schreiten den Reigen, indem sie sich an den Händen fassen und sich mit leichten Füßen schwebend bewegen, dann wieder in Reihen gegeneinander eilen. Zwei Vortänzer führen den Reigen an und begleiten ihn mit Sprüngen. In ihrer Mitte steht ein göttlicher Sänger und schlägt die Leier. Viel Volk schaut fröhlich den Reigentänzern zu.

Am äußersten Rand des Schildes fließt der Weltenstrom Okeanos; er faßt die Erde ein und umschließt die Bilder.

Der Schild war ein Rundschild. In fünf Kreisfeldern waren die Szenen nebeneinander angeordnet; oben auf der Kuppe des Schildes wölbte sich der gestirnte Himmel.

Die Beschreibung des Schildes des Achilleus, ist sie freie Phantasie? Der Schild ist das Werk des göttlichen Schmiedes Hephaistos und des Ilias-Dichters. Das wirkliche Leben in der Welt, die der Dichter als eine geordnete sieht, ist auf dem Schild dargestellt.

Die Schlacht am Fluß

An den Ufern des Skamander war eine blutige Schlacht, die vielen Kriegern den Tod brachte. Als Achilleus den Tod seines Freundes Patroklos erfuhr, stürzte er sich in den Kampf, sprang in den Fluß und schlug wie ein Dämon mit dem Schwert um sich. Das Wasser färbte sich rot vom Blut der Gefallenen. Da nahte Lykaon, ein Sohn des Priamos, umfaßte Achilleus' Knie und flehte um Schonung. Doch die Rache für des Freundes Patroklos Tod war stärker. Die Trojaner wichen zurück und suchten Schutz in den Höhlungen des Ufers. So gewaltig wütete Achilleus, daß das Flußbett sich mit Toten füllte, Rüstungen und Waffen in den Fluten wirbelten, das Wasser sich staute und nicht mehr fließen konnte. Da erhob sich der Flußgott Skamander – die Götter nannten ihn Xanthos – und rief den benachbarten Simoeis zu Hilfe, der neben ihm seinen Lauf hat und sich im Delta am Meer mit ihm vereinigt. Die Wellen gingen hoch und türmten sich über Achilleus, der im Flußbett kämpfte. Als Hera den Helden in Not sah, schickte sie den Feuergott Hephaistos mit einem Flammenmeer ihm zur Hilfe. Aus den Bäumen schlugen Feuerzungen, die Ebene loderte auf. Da greifen Skamander und Simoeis und ein unbekannter Flußgott riesige Felsblöcke, wie sie nur Giganten und Kyklopen bewegen können (Abb. 89). Sie schleudern sie nicht, sie schieben sie wie steinerne Wolkengebilde gegen Hephaistos, der sie mit der Wucht seines Körpers auffängt.

Die Schlacht am Fluß fand durch göttlichen Einspruch ihr Ende. Skamander und Simoeis kehrten wieder in ihre Flußbetten zurück. Denn es sollten Unsterbliche nicht um der Sterblichen willen miteinander kämpfen.

89

Hephaistos Skamander Simoeis Flußgott

90

Priamos Andromache Hektor Hekabe

Hektor und Andromache begegnen sich vor der Schlacht

Vier Personen – ein Krieger, zwei Frauen und ein Greis: Hektor und Andromache, der König Priamos und Hekabe; sie stehen nicht beieinander, sie stehen sich gegenüber (Abb. 90). Eine jede Person ist für sich, und doch sind sie in einem gemeinsamen Gedankenkreis vereint. Der Krieger ist bereit, zum Kampf aufzubrechen. Seine Frau hat ihm den Abschiedstrunk gereicht zur Spende an den Gott und zur eigenen Stärkung. Hektor ist Verteidiger seiner Frau und seines Sohnes Astyanax, Verteidiger seiner Heimatstadt Troja und aller ihrer Bewohner. Sein Platz ist das Kampffeld. Andromache ist Gattin und Mutter, ihr Bereich sind Haus und Familie. Die schwere Last, die auf allen ruht, ist das zukünftige Los: Was wird aus Andromache, was aus dem kleinen Sohn und den alten Eltern, aus Troja und seinen Bewohnern, wenn Hektor fällt? Der Krieger muß in den Kampf, die quälende Frage bleibt zurück. Szenen des Auseinandergehens sind in diesen Jahrzehnten stets wie eine letzte Begegnung.

Hermes geleitet Hektor in die Schlacht

Drei Gestalten stehen wie Säulen: ein Gott, ein Krieger und eine Frau (Abb. 91): Hektor hat sich von Andromache verabschiedet und Hermes zugewandt. Der Gott reicht dem Krieger die Hand, der legt die seine in die des Gottes. Der Krieger ist bereit zu gehen. Eine unheimliche Spannung liegt in dieser Abschiedsszene. Hermes, Geleiter der Götter und Führer des Menschen auf seinem letzten Weg, überschreitet mit dem Krieger die Grenze von der Burg Trojas zum Schlachtfeld und zum Tod. Kampf und Tod sind Geschwister – das ist das Thema dieses Bildes.

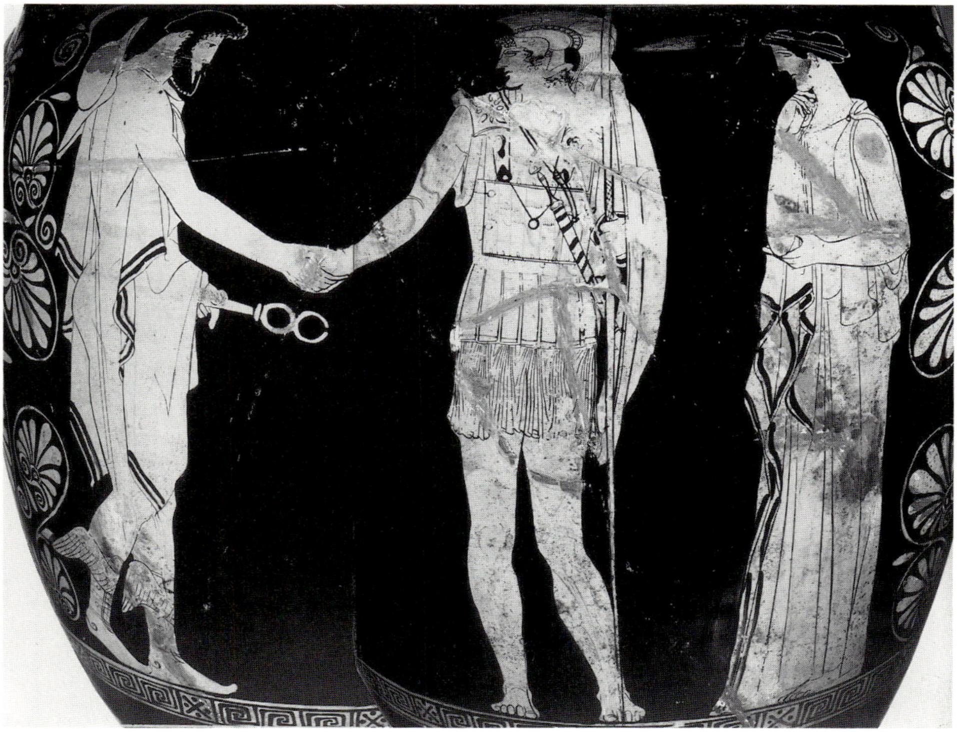

91

Hermes Hektor Andromache

Der Tod des Hektor

Die beiden größten Helden der gegnerischen Lager treffen sich zum Kampf (Abb. 92). Hektor unterliegt Achilleus. Aus dem Schlitz der Helme dringen die unerbittlichen Blicke der beiden Kämpfer. Achilleus trägt den großen Turmschild mit zwei Widderköpfen als Schildzeichen. Sie bezeugen nicht nur den Kämpfer, der einem Widder gleicht. Achilleus ist Vorkämpfer, leitender Widder, der den Lämmern vorausgeht, eine Auszeichnung, wie sie sonst nur Agamemnon als Heerführer zukommt. Dreimal, sagt der Dichter, hat Achilleus Hektor um die Burgmauer verfolgt. Hektor scheint zu weichen, er greift zum Schwert. Achilleus hebt die Lanze, um auf die verwundbarste Stelle zu zielen, dort wo der Körper unbedeckt ist von der Rüstung, am Hals, wo das Blut am stärksten fließt. Auch Zeus ist mit dem Tod Hektors einverstanden; er hat die Schicksalswaage befragt.

92

Hektor Achilleus

93

Trojaner Priamos Achilleus

König Priamos geht zu Achilleus, um den toten Hektor auszulösen

Im Burghof von Troja sitzt der alte König Priamos in den Mantel gehüllt, Asche und Erde auf seinem greisen Haupt zum Zeichen tiefer Trauer. Um ihn weinende und klagende Töchter, Schwiegertöchter und Söhne. Hektor, Sohn, Gatte und Vater, Schutz Trojas, ist im Kampf mit Achilleus gefallen. Sein Leichnam liegt unbestattet, hingestreckt auf der Erde im Griechenlager. Achilleus weigert sich, den Toten herauszugeben. Die Klagenden wollen nichts mehr als den Leichnam, um ihn zu waschen, zu salben und den Grabhügel zu schütten. Auch Achilleus in seinem Zelt findet keine Ruhe; er trauert um den Tod des Freundes Patroklos, der durch Hektors Lanze gefallen ist. Er erhebt sich von seinem Lager, schirrt die Rosse an, bindet den Leichnam an den Wagenkasten und schleift ihn dreimal um das Grab des Patroklos. Grausames Tun, das selbst die Götter nicht mitansehen können. Sie schicken die Götterbotin Iris, die den Trauernden in der Burg den Rat des Zeus überbringt.

Da erhebt sich Priamos unter den Weinenden, geht in die Schatzkammer und sucht selber Geschenke aus: kostbare Gefäße, prächtige Gewänder und bunte Decken. Am Abend desselben Tages macht er sich mit den Geschenkträgern auf den gefährlichen Weg durch das Griechenlager zum Zelt des Achilleus. Er betritt das Zelt. Ein ergreifendes Bild: Der Greis im schlohweißen Haar, gebeugt und gestützt auf den Stock, auf der Liege der jugendliche Achilleus, der sich dem Diener zuwendet (Abb. 93). An der Wand hängen sein Schwert und sein Kriegsgewand, der Helm und der Schild mit dem durchdringenden Schreckbild der Gorgo. Und unter der Liege, auf den Boden hingestreckt, der tote Hektor, ohne Waffen und Gewand.

Priamos spricht zu Achilleus, nicht als König von Troja, sondern als Vater seiner gefallenen Söhne. Er spricht als alter Mann, der viel Leid erduldet hat. Er erinnert Achilleus an seinen eigenen alten Vater, der zu Hause auf dem Pelion auf seine Heimkehr wartet, und bittet ihn um Hektors toten Leib. Achilleus schaut in das Gesicht des Greises und erkennt darin die Züge seines Vaters. Dem Greis und dem Jüngling stehen die Tränen in den Augen. Da bricht Achilleus, der lange gezögert hat, in die Klage aus um des Menschen trauriges Dasein: Ständig lebt er in Sorgen, von denen nur die Götter befreit sind. Mitleid mit dem greisen Priamos und Wissen um sein eigenes Todeslos überwinden sein hartes Herz. Er läßt den Leichnam waschen und salben und übergibt ihn dem Vater.

Als der neue Tag heraufzieht, bricht Priamos, von Hermes geleitet, mit dem Toten auf, gelangt durch das Schiffslager der Griechen und erreicht Troja. Frauen und Männer säumen die Straßen, so wie sie einst Hektor ehrten, wenn er siegreich vom Kampffeld in die Mauern zurückkehrte. Doch die Klage um den Gefallenen findet auch jetzt kein Ende.

Kampf um den toten Achilleus

Achilleus ist beim Heiligtum des Thymbräischen Apollon gefallen, in der Nähe des Skäischen Tores, am selben Ort, an dem er Troilos getötet hat. Hingestreckt liegt der Tote auf dem Kampffeld (Abb. 94): »Stand ein Wald-

94

Sthenelos Diomedes Athena Aias Achilleus

riese, hoch auf dem Gipfel eines weithin sichtbaren Berges, kamen Zimmerer mit geschliffener Axt und fällten den Baum, und er stürzte« – ein Bild des Dichters, wenn ein Held gefallen ist. Achilleus hat um seinen frühen Tod gewußt, hatte ihm doch Thetis die Wahl zweier Lebenslose mitgeteilt: Fallen in Troja nach einem kurzen, aber ruhmvollen Leben oder ein langes Leben in Freude und Überfluß. Er wählte das erste Los. Achilleus war daher nicht überrascht, als der sterbende Hektor am Skäischen Tor ihm den nahen Tod voraussagte. Er selbst sprach, vorausschauend auf sein eigenes Schicksal, zum sterbenden Lykaon: »Ich bin der Sohn eines edlen Vaters, und eine Göttin ist meine Mutter. Auch mir steht der Tod bevor und das mächtige Schicksal. Am Morgen oder am Mittag oder am Abend wird ein Gegner mir das Leben nehmen in der Schlacht, sei es mit der Lanze, sei es mit dem Pfeil, von der Sehne des Bogens abgeschossen.«

Achilleus fiel nicht im offenen Kampf, ein Pfeil durchbohrte von hinten seine Ferse, der zweite tödliche Pfeil traf in das Zwerchfell. Es ist eine Ironie des Schicksals, daß es Paris war, der dem größten griechischen Helden vor Troja den Tod brachte – er, der kein Held im Kampf ist. Paris, der Todesschütze, aber war nur das Werkzeug. Keines Menschen Hand, ein Pfeil, von Apollon gelenkt, hat Achilleus gefällt. Da er nun tot auf dem Kampfplatz liegt, dringen vom trojanischen Feld Äneas und ein Krieger gleichen Schrittes und Mutes und Echippos vor, um Achilleus' Leichnam in trojanische Gewalt zu bringen. Leodokos bricht zusammen. Da erscheint Aias, größer als alle Krieger. Es geht um den Schutz des Toten, damit sein Leichnam nicht durch den Gegner entehrt wird. Hinter Aias steht Athena mit ihrer stärkenden Kraft. Aias durchbohrt mit der Lanze Glaukos. Die Wucht von Aias' Angriff reicht tief in die Reihen der Trojaner hinein. Paris flüchtet.

Glaukos Paris Äneas Leodokos Echippos

95

Aias mit dem toten Achilleus

Auf dem Verbandsplatz steht Diomedes, dem sein Wagenlenker Sthenelos die verwundete Hand verbindet, während drüben Glaukos tot zusammenbricht. Diomedes und Glaukos sind Freunde: Als sie sich einmal im Kampf gegenüberstanden, da erkannten sie einander als Enkel von Gastfreunden aus der Zeit der Väter, senkten die Lanzen und tauschten in edler Gesinnung ihre Rüstung: Diomedes gab seine eherne für die goldene des Glaukos, und sie schwuren Treue und Freundschaft.

Aias ist es, der den gefallenen Achilleus mitsamt der Rüstung auf seinen Rücken nimmt und ihn vom Kampffeld trägt, auf daß kein Gegner den Toten entehre (Abb. 95). Der zweitstärkste Krieger, einem hochragenden Baum gleichend, bringt den stärksten Griechen, der niederstürzte wie eine gefällte Eiche, ins Griechenlager.

Aias stürzt sich in sein Schwert

Unter den Kriegern im Kampf um Troja ragt einer heraus, von dem es heißt, daß er nach Achilleus der Tapferste sei: Aias, Anführer der Krieger von der Insel Salamis. Dort wurde er geboren als Sohn des Telamon und Enkel des Aiakos, des Stammvaters der Leute von Ägina. Er war groß von Wuchs, mutig im Kampf, einem Eber an Stärke gleich. Er trug zur Lanze den aus sieben Häuten gemachten Schild, darüber noch eine Schicht aus Erz geschmiedet war. Wenn eine Burg oder ein Dorf mit einer Mauer umgeben wurde, so setzte man an gefährdeten Stellen der Mauer einen Turm. Ein Turm ist Bollwerk und Wächter. Aias war ein »Turm in der Schlacht«, so nannten ihn die Griechen. Selbst seine Gegner rühmten seine edle Haltung. Stolz und selbstbewußt sagte er zu Hektor: »Es gibt außer Achilleus noch andere Helden, die sich im Einzelkampf stellen.« Als Mensch war er geradlinig, nicht schlau wie Odysseus, furchtlos und treu. Als zwei Kämpfer den gefallenen Patroklos aus der Schlacht trugen, folgte er als Schutzschild. Aias war überzeugt, daß man ihm die Rüstung des toten Achilleus übergeben würde. Ein Schiedsgericht sprach die Waffen Odysseus zu. Der stolze Mann konnte das nicht verwinden. In seiner Ehre tief verletzt, fiel er in Umnach-

96

Aias

97 

Aias

tung. Seiner Sinne nicht mehr mächtig, schlug er eine Anzahl Schafe, im Glauben es seien seine Feinde. Als er aus Nacht und Verwirrung erwachte, verabschiedete er sich von seinem treuen Freund und Halbbruder Teukros und nahm ihm das Versprechen ab, ihn aus dem Todesschwert zu heben. Und Hermes möge ihn zur Ruhe in die Unterwelt bringen.

An einem einsamen Ort legt er seine Waffen ab, den Schild, den Helm, und stellt seine beiden Lanzen dazu (Abb. 96). Sein Schwert steckt er mit dem Griff in den kleinen Erdhügel, den er aufgeworfen hat. Und nun kniet er nieder, erhebt die Hände und gedenkt seiner Heimatinsel, dem Sitz seiner Väter und des heimatlichen Herdes (Abb. 97). Er bittet den Sonnengott Helios, er möge, wenn er mit seinem Wagen über Salamis hinwegfährt, sein Schicksal seiner Frau und seinem alten Vater verkünden. Er grüßt das Salamis benachbarte Athen, er grüßt die Fluren, Quellen und Flüsse von

Troja, die ihn in all den Jahren des Kampfes genährt haben. Das sind seine letzten Worte. Kein Wort an seine Mitkämpfer, mit denen er zehn Jahre beisammen war, außer an Teukros, der ihm den letzten Freundschaftsdienst erweisen wird. Und nun begibt er sich, einsam wie er immer war, an einen abgelegenen Ort, wie es Tiere tun, die sich von der Herde entfernen, um sterbend allein zu sein. Allein mit sich, stürzt sich Aias in das blanke Schwert.

Als Odysseus ihm im Hades begegnete und ihn freundlich ansprach, verzieh der Unversöhnliche auch im Tode dem Mann nicht, der seine Ehre zerstörte, als er die Waffen des toten Achilleus an sich nahm. Wortlos wandte er sich ab und ging tiefer in den Ort des Schauers hinein.

Das hölzerne Pferd

Zehn Jahre waren es schon her, seit die Griechen gegen Troja zogen, und noch war die befestigte Burg nicht eingenommen – kein Ende des Krieges abzusehen. Da ersann Odysseus, der Schlaueste unter ihnen, einen listigen Plan. Epeios, ein tüchtiger und kunstfertiger Zimmermann, setzte ihn in die Tat um und baute mit Hilfe der Göttin Athena ein riesiges hölzernes Pferd aus Balken, so groß, daß es durch kein Tor der Stadt paßte. Als es fertig war, stiegen Odysseus und die größten Helden auf einer Strickleiter in den Bauch des Pferdes. Unterdessen hatten die Griechen, um die Trojaner zu täuschen, die Zelte abgebrochen, die Überreste des Lagerplatzes verbrannt und waren mit den Schiffen von Tenedos, ihrem Feldlager vor Troja, abgefahren. Sie werden wiederkommen, wenn es Zeit ist. Nur den heuchlerischen Sinon ließen sie zurück. Als die Trojaner das Pferd bemerkten, traten sie aus dem Tor, banden Stricke an die Beine des Pferdes und zogen es, wie man ein Schiff auf den Strand zieht, auf den Burgberg. Sinon nahmen sie gefangen. Der aber stöhnte und schimpfte auf die Griechen: »Sie haben meinen Freund Palamedes getötet, auch mir drohten sie mit dem Tod. Nun sind sie abgefahren in die Heimat und haben das Pferd als Geschenk an die Göttin Athena zurückgelassen.« Als die Trojaner dies hörten, wunderten sie sich über die Größe des Pferdes. Auch dafür hatte Sinon eine Antwort bereit: »Das Pferd ist übergroß, größer als eure Stadttore, damit ihr das Geschenk der Griechen an Athena nicht in die Stadt bringen könnt. Denn wenn es euch dennoch gelingt, dann ist Troja uneinnehmbar.« Die Trojaner glaubten dem Listigen. Nur die Seherin Kassandra und Laokoon, der Priester des Poseidon, warnten ihre Landsleute vor diesem Gebilde. Sie fanden kein Gehör. Und als sich gar zwei Schlangen aus dem Meer, von Tenedos her, auf Troja zubewegten, den

98

Trojanisches Pferd

Priester Laokoon und seine beiden Söhne umschlangen und erdrückten, da deuteten die Trojaner die Warnung des Priesters als Frevel und sahen in seinem und seiner Söhne Tod die gerechte Strafe.

Noch bevor sie das Pferd in die Stadt brachten, gingen Helena und Deiphobos dreimal um das Pferd herum. Um sicher zu sein, daß sich niemand im Bauch des Pferdes befand, rief Helena die Griechen laut mit Namen: »Diomedes, Menelaos, Odysseus!« Die Gerufenen hörten ihre Namen, aber keiner rührte sich. Da ahmte Helena die Stimme ihrer Frauen nach. Es blieb still. Nur Antiklos wollte antworten, doch Odysseus hielt ihm mit der Hand den Mund zu. Also hängten die Trojaner die Torflügel aus, rissen links und rechts ein Stück aus der Mauer und schoben das Unheilspferd in die Stadt. »Untergehen wird die Stadt, sobald die Trojaner ein großes Pferd aus Balken in ihren Mauern beherbergen«, so lautete ein alter Seherspruch. Aber wer erinnert sich schon, bei soviel Leid und Not in dem großen Krieg, an des Sehers Spruch. Wenn ein Stadttor fällt, fällt auch die Stadt, so war es auch hier. Als die Nacht hereingebrochen war, öffnete Sinon die Klapptüre am Bauch des Pferdes: Schwerbewaffnete Griechen steigen aus der Höhle des Pferdeleibes und marschieren in den Kampf (Abb. 98). Noch ist das Versteck nicht leer: In den kleinen Fenstern zeigen sich Krieger; einer hält den Helm heraus, zwei ihre Schwerter. Als die Griechen die Feuerzeichen des brennenden Troja von ferne sahen, wußten sie, daß der Trug mit dem hölzernen Pferd geglückt war, und kehrten mit ihren Schiffen zum Lagerplatz zurück.

Der letzte Kampf um Troja

Die letzte Schlacht um Troja ist im Gang, aber es kämpfen nicht mehr Krieger gegen Krieger. In dieser letzten Schlacht sind Greise, Frauen und Kinder die Opfer (Abb. 99). Priamos, der alte König, ist mit seinem toten Enkel Astyanax auf den Altar geflüchtet, wo ihm kein Leid geschehen darf. Aber dieses alte, heilige Gesetz gilt nicht mehr. Neoptolemos wird ihn töten: Rache des Sohnes für den gefallenen Vater Achilleus. Unter dem Palmbaum, zu Füßen des alten Athena-Bildes, sitzt Hekabe mit ihrer Tochter Polyxena, sie raufen im großen Schmerz die Haare. Kassandra umklammert das Kultbild der Athena, Aias der Lokrer wird sie wegreißen. Andromache, Frau des Hektor, schlägt mit einem Holzscheit auf einen Griechen ein. An den Rändern des Geschehens verlassen Menschen den Schauplatz. Auf einer Tempelstufe wartet Aithra, die Mutter des Theseus, die als Gefangene der Helena in Troja Frondienste hat leisten müssen. Ihre Enkel Akamas und Demophon nehmen die Großmutter bei der Hand und führen sie aus dem brennenden Troja weg. Eine junge Frau hockt klagend am Boden, das Los der Sklavin im fremden Land vor Augen. Am anderen Ende verläßt Äneas mit seinem alten, blinden Vater Anchises auf dem Rücken und seinem Sohn Askanios an der Hand Troja. Aphrodite war es, die ihn in all den Jahren des Krieges vor dem Tod beschützt hat. Ihm ist es bestimmt, Rom zu gründen. Auf dem Weg nach Italien erfährt er, daß er an einen Ort kommen wird, wo eine weiße Sau mit dreißig Ferkeln haust, dort soll er eine Stadt gründen. Er geht in Cumae an Land und trifft die Seherin Sibylle, die ihm die Geschichte Roms bis Augustus voraussagt. Am Ende der Reise kommt er nach Latium, findet die Tiere und gründet Rom.

Der Kampf um Troja ist nach zehn Jahren zu Ende gegangen. Über hundert mit Namen bekannte griechische und über zweihundert trojanische Kämpfer

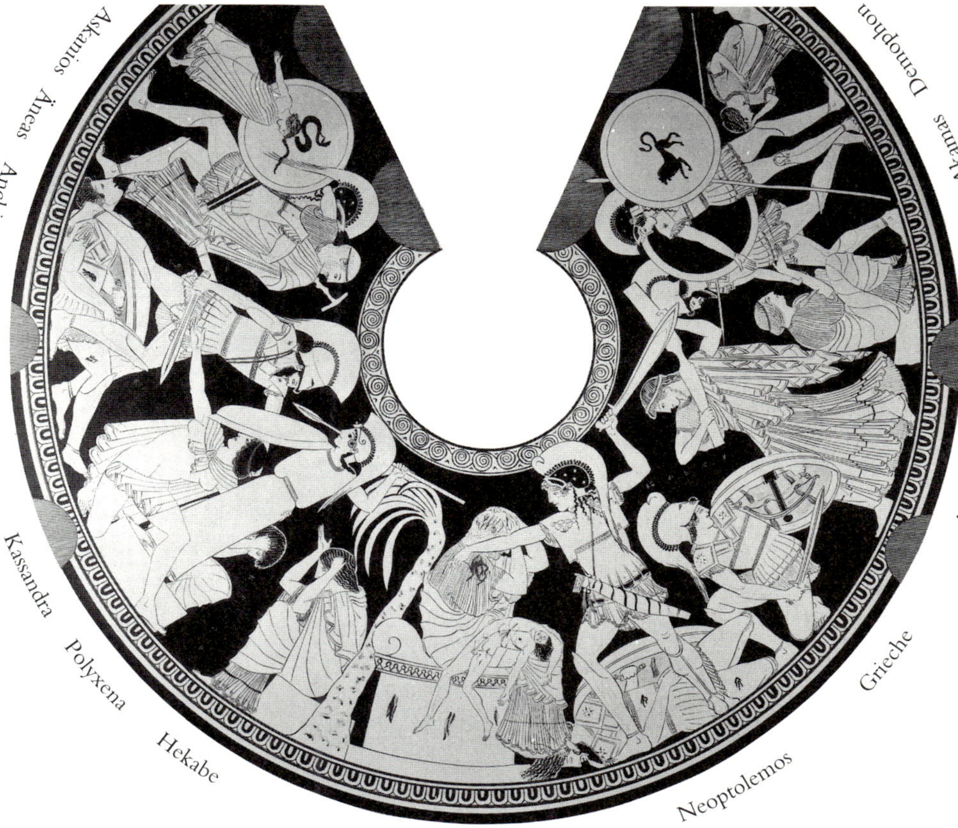

99

nahmen daran teil. Die stolze Burg steht in Flammen. Der König Priamos ist tot, seine Söhne sind nicht mehr. Hektor, der Verteidiger und Vorkämpfer der Stadt, starb durch Achilleus' Hand. Memnon, der Fürst der Äthioper, und Sarpedon, der Herrscher von Lykien, die mit ihren Kämpfern auf der Seite der Trojaner standen, sind gefallen.

Vor der Mauer der brennenden Stadt sitzt ein Häuflein gefangener Trojanerinnen: Die Königin Hekabe, ihre Tochter Kassandra, ihre Schwiegertochter Andromache teilen mit anderen Frauen das Los der Gefangenen. Der Schmerz der Frauen steigert sich in der Klage Hekabes um die Stadt und die Heimat, um ihr Los, als Beute der Sieger weggebracht zu werden. Hekabe hat in den zehn Jahren das größte Leid getragen: Zuletzt erfährt sie den Tod ihrer Tochter Polyxena, die an Achilleus' Grab geopfert wurde, hört vom Tod ihres Enkels Astyanax, den Neoptolemos vom Turm stürzte, auf daß des Priamos Geschlecht ausgelöscht sei.

Der Trojaner Not war auch der Griechen Not. Viele Griechenhelden sind gefallen. Große Namen sind auf Trojas Fluren begraben: Achilleus,

Patroklos und andere. Aias hat Hand an sich gelegt. Dem lokrischen Aias zerbrach auf der Heimfahrt sein Schiff im Sturm. Diomedes und Idomeneus beschlossen ihr Leben in der Verbannung. Agamemnon, der Heerführer, fiel nach seiner Rückkehr meuchlings durch die Hand seines Nebenbuhlers in seiner Burg von Mykene. Nestor kehrte heim auf seinen Herrensitz Pylos, nicht ohne Kummer: Seinen Sohn Antilochos mußte er auf dem trojanischen Schlachtfeld zurücklassen. Die in dem Krieg fielen, waren Krieger, keine Mütter und Kinder und alte Leute wie auf trojanischer Seite.

Peitho Menelaos Aphrodite Helena 100

Helenas Heimkehr nach Sparta

Unsere Gedanken gehen zurück zum Ursprung des Trojanischen Krieges, als die streitbare Eris den Apfel warf, der den Wettstreit um »die Schönste« zwischen den drei Göttinnen auslöste, zu dem unglücklichen Trojaner Paris, der als unbekannter Hirtenknabe auf dem Ida aufwuchs und den Zeus zum Schiedsrichter bestimmte, der Helena nach Troja brachte und mit ihr das Unheil über die Burg und ihre Bewohner.

Menelaos, der die Krieger zum Kampf gegen Troja geworben hatte, kehrte heil zurück nach Sparta, und mit ihm Helena als freie Person. Zwar geht Menelaos nach beendetem Krieg mit gezücktem Schwert gegen die treulose Frau, da tritt Aphrodite zwischen die beiden, Eros fliegt auf Menelaos zu (Abb. 100). Die Macht der Göttin siegt auch diesmal über Zorn und Schwert.

101

Aigisthos Agamemnon Kassandra

Heimkehr und Tod des Agamemnon

Viele Monde hielt der treue Wächter auf der Burg von Mykene Ausschau nach seinem Herrn, dem Fürsten Agamemnon. Da trägt der Feuerschein der Fackel die Kunde vom Fall und Untergang Trojas über die Inseln ins Argosland. Der siegreiche Heerführer Agamemnon kehrt zurück, an seiner Seite die Seherin Kassandra als Beute. Sie weiß um den bevorstehenden Meuchelmord an dem König und ihren eigenen Tod. Sie sieht in der Vision Agamemnon in ein Fischernetz gehüllt, das Mordnetz, das ihn umgarnen wird.

Agamemnon geht ins Haus – zögernd betritt er den purpurnen Teppich, den seine Frau Klytaimestra heuchlerisch für den König hat auslegen lassen. Lange vor seiner Ankunft hatte sie mit Aigisthos den Mordplan gefaßt: Wenn der König aus dem Bad kommt, werden sie ihn und Kassandra ermorden. Agamemnon im durchsichtigen Gewand, in dem er gefangen ist wie ein Fisch im Netz (Abb. 101) – so sah Kassandra sein Ende voraus. Er weicht zurück, aus der tödlichen Wunde in seiner Brust fließt Blut. Er wurde überrascht und war wehrlos dem Dolch des Mörders ausgeliefert. Eine

 102

Orestes Aigisthos

Magd flieht vor dem Anblick des furchtbaren Geschehens. Zwei Frauen heben die Hände. Die eine hinter dem Täter ist Klytaimestra, die blutbefleckte Mittäterin, die andere Kassandra, das nächste Opfer.

Orestes rächt den Vatermord

Orestes, Agamemnons Sohn, rächte den Mord an dem Vater. Seine unselige Tat war die letzte in der langen Kette eines Fluches, der seit Urväterzeiten auf dem Atriden-Geschlecht lastete.

Der Urahn Tantalos wollte einst die Allwissenheit der Götter erproben und setzte ihnen seinen eigenen Sohn zum Mahl vor. Im Tartaros büßt er ewige Qualen. Atreus, der Vater Agamemnons, hat sich in ähnlicher Weise an seinem Bruder Thyestes gerächt. Am Ende des Unheils steht Orestes. Er ersticht mit dem Dolch Aigisthos und seine Mutter (Abb. 102). Der Tod des Vaters und der Mutter fordern Sühne.

Um den Vater zu rächen, mußte Orestes seine Mutter töten. Nachdem dies geschehen ist, sind die Erinyen, die strafenden Dämonen der Unterwelt

103

Erinyen Orestes Apollon Artemis

mit Schlangen im Haar und in den Händen, aufgerufen. Es sind unheimliche Wesen, Töchter der Nacht, die streitsüchtige Eris und andere Dämonen sind ihre Verwandten. Die Erinyen sind schrecklich, aber auch gerecht. Wenn ein Verbrechen geschieht, tauchen sie auf, um die Rache an dem Täter zu vollstrecken. Apollon war es, der Orestes zum Mord an der Mutter aufforderte; nur er kann ihn von der Blutschuld befreien. Zu ihm in das delphische Heiligtum flüchtet Orestes vor den ihn unablässig verfolgenden Rachegeistern (Abb. 103). Das Mordwerkzeug noch in der Hand, erwartet er an der heiligen Stätte den Schiedsspruch des Gottes. Die Erinyen sind ihm bis ins Heiligtum gefolgt und haben sich dort zur Ruhe gesetzt. Der Schatten der Klytaimestra fordert sie zur Rache auf. Da erscheint Apollon mit dem Lorbeerstab in der Hand, als Gott der Prophetie und Sühne. Er hält ein Ferkel, das übliche Opfertier der Sühne, über Orestes und nimmt so die Schuld von ihm.

Der Mensch, das sagt die Geschichte des Atriden-Hauses, ist vom Schicksal den Mächten ausgeliefert, die schon die Ahnen zu Untaten getrieben haben. Mit jeder Generation wird der Fluch weitergegeben. Orestes ist nur ein Ausführender. So erfüllt sich das Verhängnis der Atriden. Erst wenn Orestes die Rache und die Sühne für den Gattenmord an der Mutter und an ihrem Buhlen vollzogen und der delphische Apollon den Täter Orestes freigesprochen hat, dann erst ist die Tragödie des Atriden-Hauses zu Ende.

Die Irrfahrten des Odysseus

Als Troja nach zehnjährigem Kampf gefallen war, machten sich die überlebenden Griechenhelden auf den Heimweg. Odysseus kehrte erst nach abermals zehn Jahren nach Ithaka zurück. So erfüllte sich das Orakel, daß er zwanzig Jahre von zu Hause fern sein werde.

Odysseus bei den Kikonen

Odysseus verließ mit seinen Gefährten Troja und landete nach zwei Tagesreisen auf der Insel der Kikonen. Nichts Schlimmes ahnend, bereiteten seine Gefährten ein Schlachtfest und aßen und tranken so viel sie konnten. Plötzlich flogen Lanzen hin und her, ein wildes Stimmengewirr begleitete den Stoß der Waffen. Als die Dämmerung hereingebrochen war, schlugen die Kikonen die Griechen in einer regelrechten Schlacht und vertrieben sie von der Insel.

Odysseus bei den Lotosessern

Bei Sturm verließen Odysseus und die Seinen fluchtartig das Land der Kikonen. Neun Tage tobte der Orkan, als sie zur Insel der Lotosesser kamen. Die Menschen hießen so, weil sie aus einer Lotosfrucht eine köstliche Blumenspeise bereiteten. Odysseus schickte zwei Gefährten aus; sie sollten erkunden, welche Leute dort wohnten und was sie aßen. Ein dritter sollte ihm zurufen, was er sah. Alsbald stießen sie auf die Bewohner. Die Lotosleute waren freundlich zu den Angekommenen und brachten ihnen sogleich von der schmackhaften Lotosspeise. Doch wer davon aß, verfiel in einen seligen Dämmerzustand, sein Gedächtnis schwand, er vergaß Weiterfahrt und Heimkehr und glaubte, im Paradies zu sein. Die Lotosmenschen dachten nichts Schlimmes, im Gegenteil, sie freuten sich, daß den Fremden ihre Frucht so gut schmeckte und wünschten, die Gäste möchten immer bei ihnen bleiben. Nur mit Gewalt konnte Odysseus die Gefährten an die Ruderbänke bringen. Betrübt verließen sie dieses paradiesische Land.

Odysseus in der Höhle des Polyphem

Bei Nacht kamen Odysseus und seine Gefährten mit den Schiffen zu einer unbekannten Ziegeninsel und schliefen am Meeresstrand. Als die Sonne aufging, jagten sie wilde Ziegen, bereiteten ein üppiges Mahl und tranken aus Schläuchen dunklen Wein. Gegenüber lag das Land der Kyklopen. Rauch stieg dort auf. Blöken der Schafe und Gemecker der Ziegen war zu hören. Odysseus war neugierig und fuhr mit seinem Schiff und zwölf Gefährten hinüber, um zu erkunden, was für Menschen dort lebten. Ihr Schiff versteckten sie in einer Bucht und banden es an einem Felszacken fest. Nahe am Meer lag eine einsame Grotte, ganz umwachsen von Grün. Eine Mauer umgab einen Hof, darin standen Fichten und Eichen. Im Schatten der Bäume lagerten Schafe und Ziegen. In der Höhle hauste einsam ein Ungeheuer mit einem Auge mitten auf der Stirn. Polyphem war sein Name. Er gehörte zum Geschlecht der Kyklopen, die keine Häuser bauen, einzeln in einer Höhle hausen, die leben ohne Recht und Gesetz, als rauhe Hirten, die keinen Ackerbau betreiben, die nicht säen und ernten, sondern ganz von dem leben, was die Tiere ihnen geben: Milch, Molke, Käse. Die Weinrebe kannten sie nicht noch die Wirkung des Rebensaftes. Aber Tiere liebten sie über alles.

Mit einem Ziegenschlauch voll Wein und einem Beutel mit Essen betraten Odysseus und die zwölf die dunkle Höhle. Polyphem war nicht zu Hause. In den Ställen drängten sich die Lämmer und Zicklein; viel Käse lag in den Körben gestapelt, handgemachte Krüge und Eimer voll Milch standen herum. Die Gefährten bedrängten Odysseus: »Nehmen wir doch einige Lämmer und einen Korb voll Käse und eilen zum Schiff – wir ahnen nichts Gutes.« Odysseus wollte nicht. So blieben sie, machten Feuer und aßen, was sie mitgebracht hatten. Sie warteten auf den Mann, dem die Höhle gehörte.

Als der Abend hereinbrach, kam er: eine riesige Gestalt mit schweren Gliedern und mächtigen Händen. Ein großes Bündel Holz trug er auf seinem Rücken, warf es krachend auf den Boden, trieb die Tiere hinein, verschloß mit einem schweren Stein den Eingang und ging gleich an die Hausarbeit: molk die Ziegen, füllte Milch in Krüge, ließ Milch gerinnen und legte den gewonnenen Käse in Körbe. Im Dämmerlicht entdeckte er die Fremden, die sich in der Höhle verkrochen hatten. »Fremde, wer seid Ihr? Seid Ihr Räuber, weil Ihr in meine Höhle eingedrungen seid?« Da sprach Odysseus: »Wir kommen von Troja, der Wind auf dem Meer hat uns hierher verschlagen, wir sind unterwegs nach Hause. Nimm uns als Deine Gäste auf.« »Wo ist denn Euer Schiff?«, wollte Polyphem wissen. »Poseidon, der Meeresbeherrscher hat es zertrümmert. Wir sind Schiffbrüchige«, klagte Odysseus. Darauf erwiderte Polyphem: »Wir Kyklopen scheren uns um niemand«, packte

104

Gefährten Odysseus Polyphem

wortlos zwei Gefährten und bereitete sie zum Mahl. Als er satt war und ihm die Glieder schwer wurden, legte er sich unter das Vieh und schlief ein. Odysseus zog sein Schwert, steckte es aber wieder in die Scheide.

Als das Morgenlicht heraufkam, verspeiste der Riese wieder zwei Gefährten, verließ mit den Tieren die Höhle und verschloß den Eingang mit dem wuchtigen Türstein. Als er weg war, sagte Odysseus zu sich: »Töten werde ich den Kyklopen nicht. Wer könnte sonst den schweren Stein wegwälzen? Wir sind zu schwach, sind eingesperrt und verloren. Aber sein Auge blenden mit einem spitzen Pfahl, das werde ich tun, dann ist er blind und kann uns nicht sehen, und wir fliehen am Morgen mit den Tieren aus der Höhle.«

Am Abend kehrte Polyphem mit den Tieren von der Weide in seine Höhle zurück und verspeiste wortlos zwei Gefährten. Da waren es nur noch sechs. Schlau wie Odysseus war, hielt er dem Riesen den vollen Weinschlauch unter die Nase: »Trink von dem köstlichen Wein, damit du leichter verdauen kannst!« »Gib mir einen großen Becher davon«, forderte Polyphem; er schlürfte den Trank in vollen Zügen in sich hinein und verlor allmählich die Sinne. Wie er denn heiße, wollte Polyphem von Odysseus wissen, bevor er sich zum Schlaf legte. »Ich heiße Niemand«, sagte der listige Grieche. »Du wirst der letzte sein, den ich verspeise«, entgegnete der Riese und fiel betrunken auf den Boden. Seine Glieder lösten sich, und er schlief tief. Da stecken die Gefährten schnell einen Pfahl in die noch glühende Asche. Als das Holz auflodert, packen sie den Balken, Odysseus an der Spitze des Holzes, und brennen dem Kyklopen das Auge aus (Abb. 104). Da hockt er mit leerer Augenhöhle und schreit vor Schmerz, daß man es weithin hört.

105

Odysseus und Gefährten

Es kamen die Kyklopen von den Nachbarhöhlen herbei und fragten: »Was ist denn los? Hat Dir jemand etwas angetan, weil Du so schreist, Polyphem?« »Niemand will mich töten«, war die Antwort des Geblendeten aus der Höhle. Da glaubten sie, er sei wahnsinnig geworden, und gingen weg.

Am anderen Morgen schob Polyphem den Türstein beiseite und setzte sich mitten in den Eingang. »Keiner der Schurken soll mir entkommen«, so redete er bei sich. Odysseus besinnt sich nicht lange, bindet drei Schafe aneinander und schnürt am Bauch des mittleren Tieres einen Gefährten fest. Jeweils drei Widder tragen einen Mann. Für sich selbst wählt er das größte Tier, hält sich an der Wolle unten am Bauch fest und verläßt als letzter die Höhle (Abb. 105). Die Tiere ordnen sich zu einem Zug und gehen miteinander, wie sie es gewohnt sind, zum Ausgang. Polyphem streichelt seinen Lieben über den Rücken und betastet jedes einzeln. »Sonderbar ist's«, sagt er halblaut, wie einer, der zu sich selber redet, »sonderbar, daß der Bock als letzter die Höhle verläßt, ging er doch sonst immer an der Spitze, als Leittier, dem die anderen willig folgten.«

Kaum daß die Tiere im Freien waren, lösten die Gefährten die Stricke, rannten zu ihrem Schiff und fuhren schleunigst ab. Als sie weit genug entfernt waren, verhöhnte Odysseus den Kyklopen noch obendrein. Der aber riß wutentbrannt Felsblöcke aus dem Steinberg bei der Höhle und schleuderte sie dorthin, woher die Stimme kam. Sturm brach auf dem Meer aus, die Wellen gingen auf und nieder und mit ihnen das Schiff – da stemmten sich die Gefährten auf den Ruderbänken mit noch größerer Kraft gegen die Gewalten des Meeres. Weit draußen rief Odysseus seinen wahren Namen zur Höhle hin: »Ich bin Odysseus aus Ithaka, der Dir das Augenlicht genommen hat.« Da erinnerte sich der Riese an den Seher, der ihm einst sagte: »Ein Odysseus wird Dir das Licht der Augen nehmen.«

Kyklopen sind unbeholfene und grobe Landleute, aber auch gutmütig, wenn man sie in Ruhe läßt. Verschlagenen Menschen gegenüber sind sie hilflos. Sie gehören zu den »edlen Wilden«, die geboren wurden, als die Welt eben entstanden war, viele tausend Jahre vor Odysseus.

Der Kyklop Polyphem

Vor der Höhle des Polyphem fegt ein alter Silen den Platz. Seine Kinder sind mit den Tieren des Kyklopen noch auf der Weide. Der Kyklop jagt im Ätna-Massiv. Und während der Alte so allein seine Arbeit verrichtet, denkt er an seinen Herrn Dionysos, an dessen Seite er schwerbewaffnet im Gigantenkampf seinen Mann stand; an die boshafte Hera, die Dionysos an Seeräuber verkaufen wollte; an das Unternehmen, wie er mit seinen Satyrkindern ein Schiff bestieg, um seinen Herrn zu retten; an den Schiffbruch am Strand des Ätna und die Gefangennahme durch den Kyklopen Polyphem. Und wie er so nachsinnt über sein früheres Leben in Freiheit, mit Wein und Tanz zum schrillen Ton der Flöte und dumpfen Schlag der Handpauken, die ihm immer noch im Ohr klingen, überfällt ihn eine große Traurigkeit. Ein Leben ohne Rebe? »Ach, wenn es ein kleiner Schlauch mit Wein wäre, wenn auch nur ein Tropfen Rebensaft auf meine trockene Zunge fiele, so wäre es schon ein Glück!« Die Satyrn kommen mit der Herde und treiben die Tiere in die Höhle.

Und wie der alte Silen so sein Dasein bejammert, sieht er vom Strand her Leute kommen. Odysseus grüßt höflich den würdigen Silen und stellt sich vor: »Odysseus aus Ithaka, siegreicher Held in der Schlacht um Troja, unterwegs nach Hause.« Da sagt ihm der Silen ins Gesicht: »Der Herr ist mir bekannt. Ein höchst gewürfelter Bursche.« »Richtig, aber bitte keine Anzüglichkeiten«, gibt Odysseus zurück. Der Silen erzählt sogleich, daß hier keine Menschen wohnen, sondern Kyklopen hausen, die gerne Menschenfleisch verspeisen. Odysseus stutzt: »Menschenfleisch? Ich will ja nur frisches Wasser und etwas zum Essen kaufen für mich und meine Gefährten. Ich biete einen Schlauch mit Wein zum Tausch gegen Verpflegung an.« Der Silen und seine Kinder sind begeistert. Allzu lange schon mußten sie den köstlichen Rebensaft entbehren. Der Silen denkt an einen Wunderweinschlauch, der sich von selbst füllt, wie der Wassertrog unter dem Brunnenrohr. Sein Auge glänzt, seine Zunge regt sich, seine Nasenflügel heben sich, als zöge er den Duft des Weines ein. Er nimmt gleich einen kräftigen Schluck aus dem Schlauch und ruft begeistert aus: »O Zaubertrank der Rebe! O Quelle der Selbstvergessenheit! Ich spüre den Saft bis in die große Zehe!« Der Silen geht auf den Tausch Essen gegen Wein ein, füllt den Sack mit Käse und Molke und bindet einige Lämmer zusammen. Ja, er ist bereit, den ganzen Viehbestand des Kyklopen mitzugeben. In diesem selben Augenblick kommt Polyphem. Er ist hochgewachsen und breitschultrig, ein Riese von Getalt, mit vollem Bart und einem Rundauge auf der Stirn. Er bleibt vor der Höhle stehen. Er hat alles gesehen: die Fremden, die er für eine Diebes- und Räuberbande hält, die verschnürten Lämmer, den aufgedunsenen, hochroten Kopf des Silen. Er schaut in das Gesicht des Alten. Ohne die Frage des Riesen abzuwarten, ergreift der Silen das Wort: »Der Herr hier« – und er zeigt auf Odysseus – »ist ein Dieb, der mir noch obendrein eine Tracht Prügel über meinen kahlen Kopf gezogen hat. Und noch viel Schlimmeres: Der Fremdling will Dich, Herr, zusammenprügeln, in Ketten legen und als Knecht in eine Mühle oder als Arbeiter in einen Steinbruch verkaufen.« Als Odysseus zu reden beginnt, sagt Polyphem scharf: »Schweig, was willst Du Eindringling auch sagen, außer Lügen.« Und während Odysseus noch einige Worte von sich gibt, sagt Polyphem ruhig zum alten Silen: »Bring mir ein geschliffenes Küchenmesser. Es gustet mich nach Menschenfleisch. Schon lange wollte ich zur Abwechslung meines Küchenzettels einen guten Bissen von dieser Sorte Fleisch. Ich habe die ständigen Hirsch- und Löwenbraten satt.« Odysseus riecht den Braten und versucht den Riesen auf eine andere Sorte Fleisch zu lenken: »Wie wärs mit einem Satyr?« Polyphem lehnt ab: »Einen Satyr will ich nicht verspeisen. Ich fürchte den Tumult, den der in meinem Magen anrichten wird.« Odysseus weiß nun, daß es ihm oder einem der Seinen an den Kragen geht, und ruft Athena um Hilfe an. Und während er noch fleht, hat Polyphem schon zwei seiner Gefährten verzehrt.

Erschüttert tritt Odysseus aus der Höhle: »O Zeus! Was ich mitansehen mußte, übertrifft alle Scheußlichkeiten, die ich in dem zehnjährigen Krieg um Troja erlebt habe! Fliehen und meine Gefährten zurücklassen, will ich nicht. Ich werde Polyphem betrunken machen und ihm dann mit einem spitzen, glühenden Pfahl das Auge ausbrennen.« Der Plan begeistert die Satyrn, sie spüren schon die ersehnte Freiheit in ihren Gliedern und sehen Dionysos und die Weinrebe vor sich. Sie wollen dabeisein und helfen. Der alte Silen will gleich einen ganzen Wald von Stämmen herbeischleppen. Da kommt, betrunken und mit dröhnender Stimme, Polyphem aus der Höhle. Er fühlt sich urbehaglich und glaubt, alle Herrlichkeit der Welt und des Olymp zu sehen. Er kann gerade noch nach dem Namen des Fremdlings fragen und die Antwort hören: »Niemand heiße ich«, da fällt er auch schon auf den Boden und schläft schnarchend ein.

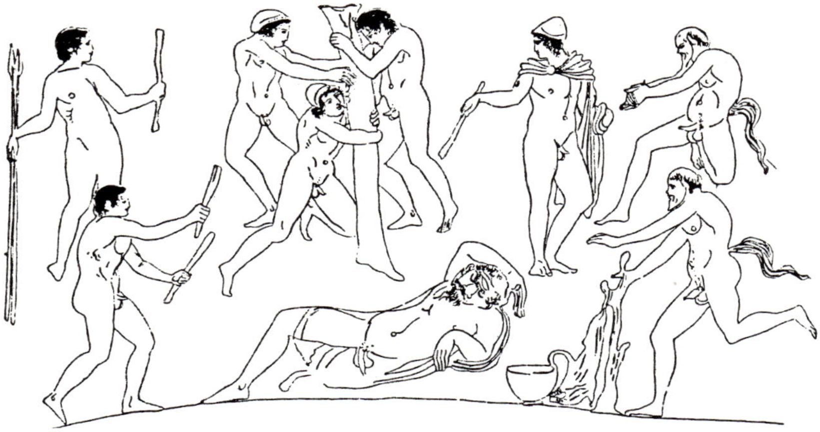

106

Gefährten Polyphem Odysseus Satyrn

Die Lage ist günstig. Der Riese liegt volltrunken auf einem Tierfell (Abb. 106). Sein Atem geht schwer. Der Weinschlauch hängt zusammengeschrumpft an einem Baumstrunk. Der Becher steht leer am Boden. Odysseus winkt zur Tat. Die Satyrn sehen den mächtigen Baumstamm, hören den schnarchenden Polyphem und flüstern einander zu: »Was wird aus uns, wenn der Riese vorher aufwacht? Und obendrein die anstrengende Arbeit!« Da erklärt einer der Satyrn dem Odysseus: »Wir stehen hier zu weit von Polyphem entfernt, als daß es möglich wäre, ihm den Brand ins Auge zu bringen.« Ein Zweiter: »Wir sind plötzlich lahm geworden.« Ein Dritter: »Dann geht es Euch wie uns. Uns fuhr ein Krampf im Stehen in die Beine. Gott weiß woher!« Ein Vierter: »Ja, uns flog Staub oder Asche ins Gesicht, Gott weiß wie!« Die Großmäuler lassen Odysseus im Stich. Nun müssen seine Gefährten zupacken. Odysseus gibt den Seinen Anweisungen. Drei fassen den schweren Pfahl, zwei werden mit Fackeln die Spitze des Stammes anglühen. Die Satyrn halten sich fern, ihnen ist Arbeit sowieso fremd, aber Anweisungen anderen zurufen, das liegt ihnen.

Es ist geschehen. Das Auge ist leer. Eine lange und unnütze Diskussion zwischen den Satyrn und Polyphem entspinnt sich über die Frage, ob Niemand jemanden mißhandeln könne. Polyphem will den Verbrecher fassen. Die Satyrn rufen ihm zu: »Rechts ist er, nein links von Dir, hinter Dir, um die Ecke – pack doch zu!«

Odysseus und die Gefährten eilen zum Strand, wo ihr Schiff liegt. Die Satyrn ziehen hinterdrein. Sie erklären sich sofort als Schiffsgenossen des Odysseus und rufen Dionysos als ihren alleinigen Herrn aus. Zu spät erinnert sich Polyphem an einen alten Seherspruch, daß ein Odysseus ihm das Augenlicht rauben werde.

Odysseus als Gast bei Aiolos, dem Herrn der Winde

Als Odysseus mit seinen Gefährten auf der Insel des Aiolos, des Herrn der Winde, landete, hieß ihn dieser als Gast willkommen. Im Palast ging es lustig zu, sechs Söhne und sechs Mädchen lebten mit den Eltern zusammen, aßen und sangen. Der Gastgeber war gesprächig und neugierig zugleich. Odysseus mußte von Troja erzählen, wie es ihnen ergangen sei, wie die Griechen nach Hause kamen und vieles mehr. Schließlich fragte Aiolos nach der Zahl seiner Schiffe. Als Odysseus mit seinen Gefährten zur Abreise rüstete, gab ihm Aiolos, der über die Winde verfügte, einen Sack aus Rindsleder, stopfte ihn voll mit Winden und schnürte ihn gut zu, damit kein Hauch des in der Seefahrt kostbaren Elements daraus entweichen könne. »Du wirst die Winde gut gebrauchen können, wenn einmal kein Wind mehr auf dem Meer weht und die Segel schlaff herabhängen. Gehe sparsam mit den Winden um, mache von dem Sack erst Gebrauch, wenn die Winde schlafen und kein Hauch in die Segel bläst«, schärfte er Odysseus beim Abschied ein. Dann ließ er Zephyros, den Südwind, wehen, und das Schiff fuhr schnell dahin. Odysseus wollte sich vor der Ankunft auf Ithaka noch ausruhen und legte sich schlafen.

Die Gefährten wußten nicht, was in dem Sack war, sie vermuteten kostbare Schätze. Da brach eine kleine Meuterei aus. Sie glaubten, Odysseus wollte mit Gold und Silber und anderen Reichtümern nach Ithaka heimkehren, sie hingegen würden arme Teufel ohne jeden Besitz sein. Während Odysseus schlief, banden sie heimlich den Sack auf, um nachzusehen. Als sich die Schnur lockerte, schossen sämtliche Winde heraus, die sich in das Meer bohrten und es zum Sturm aufwühlten. Die Wellen gingen hoch, das Schiff drehte sich in die umgekehrte Richtung und steuerte wieder auf die Insel des Aiolos zu, die sie vor neun Tagen verlassen hatten. Odysseus wagte sich nur zögernd in den Palast. Die Familie des Aiolos war gerade beim Essen. Erstaunt fragte man den Ankömmling, was denn los sei, warum er nicht an Ithakas Strand, sondern wieder bei ihnen gelandet sei. Odysseus erzählte verlegen, was geschehen war: Seine Gefährten hätten aus Neugier und Torheit den Sack geöffnet, während er schlief. Da beschimpfte Aiolos den Odysseus und verjagte ihn von der Insel.

Odysseus bei den menschenfressenden Lästrygonen

Nach sechs Tagen schwerer Ruderarbeit kamen die Schiffe des Odysseus am siebten Tag ins Land der Lästrygonen und fuhren durch eine schmale Einfahrt in den von Bergen rings geschlossenen Hafen. So lagen sie wie in einer Falle. Nur der schlaue Odysseus machte sein Schiff außerhalb des Hafens fest. Ob er wohl etwas ahnte? Von einem Felsenhügel aus schaute er in das fremde Land: nichts war zu sehen. Nur Rauch stieg in der Ferne auf und verlor sich in sanften Windungen in der Höhe. Odysseus schickte drei Kundschafter aus. Unterwegs trafen sie einen Mann mit einer Fuhre Holz, der ihnen freundlich den Weg zeigte. In einem Hohlweg begegneten sie einem Mädchen, das mit einem Krug unterwegs zum Brunnen war, um Wasser zu holen. Sie führte die drei bereitwillig zu ihrem Elternhaus. Es war das Haus mit der Rauchsäule, und nichts Verdächtiges war zu erkennen. Als sie ins Haus gingen, kam der Hausherr und fraß einen von ihnen auf. Was Odysseus nicht ahnte: Sie waren im Land der Lästrygonen gelandet, bei den Menschenfressern, Leuten von riesigem Wuchs und wildem Aussehen. Zwei der drei konnten entkommen und zu den Schiffen fliehen. Da kamen auch schon von allen Seiten Lästrygonen herbei und schleuderten mächtige Felsblöcke auf die Schiffe, so daß sie in Trümmer auseinanderfielen. Viele Gefährten mußten ihr Leben lassen, elf Schiffe wurden zerstört. Nur Odysseus, der sein Schiff nicht im Hafen, sondern außerhalb vertaut hatte, entkam mit einigen Gefährten aufs offene Meer.

Odysseus im Haus der Zauberin Kirke

Eine Frau mit einem Stab in der Hand reicht einem der fünf Männer mit Schweinsköpfen – einige haben auch noch Tierbeine – eine Trinkschale zur Begrüßung (Abb. 107). Ein Schweinsköpfiger läuft weg, ein Menschengestaltiger zückt das Schwert, ein anderer mit der Lanze ist hinzugetreten. Der Maler bringt das Vorher und Nachher einer Handlung in einem Bild. Wer sind diese Gestalten? Und was geht vor sich?

Odysseus war mit seinen Gefährten vom Land des Polyphem gekommen und auf der Insel der Kirke gelandet. Kirke ist eine Zauberin, Tochter des Sonnengottes Helios, und wohnt in einem schönen Palast. Die Ankömmlinge banden die Schiffe in der Bucht fest und schliefen, ermüdet von der Fahrt, zwei Tage und zwei Nächte am Strand. Nur Odysseus war neugierig und machte sich auf, die Insel auszukundschaften. Er nahm sein Schwert und ging auf einen nahen Hügel. Weit und breit war nichts zu sehen. Doch, da stieg in der Ferne Rauch auf, der eine lange Fahne über die Insel zog. Wo Rauch aufsteigt, muß auch ein Haus sein, dachte er. Eurylochos und einige andere Gefährten gingen zu dem Ort. Staunend standen sie vor einem wunderschönen Palast, aus dem Gesang einer zauberhaften, weiblichen Stimme kam. Merkwürdig, rings um das Haus lagen Löwen und Wölfe, die sie nicht anfielen, sondern sogar überfreundlich begrüßten. Eurylochos schöpfte Verdacht: Wilde Raubtiere, zahm und mild wie Lämmer, die freundlich Fremde empfangen? Neugierig, wer denn der Besitzer des Palastes sei, schickte er Begleiter hinein, er selber blieb in einiger Entfernung vor dem Eingang stehen und beobachtete, was geschehen würde. Drinnen saß singend am Webstuhl Kirke, die Besitzerin des Hauses. Sie hieß die Fremden willkommen. Während die Gefährten die Pracht des Hauses bestaunten, richtete sie ein Gemisch aus Gerste, Käse, Honig und Wein her und gab etwas Gift hinein. Das Gebräu sollte sie die Heimat vergessen lassen. Ohne Argwohn leerten die Männer die Schalen. Als nach kurzer Zeit die Wirkung eintrat, schlug Kirke mit ihrem Zauberstab auf sie ein. Ihre Köpfe wurden zu Schweinsköpfen, die Haare stellten sich als Borsten auf, und die Stimmen bekamen einen grunzenden Ton. Schlimm, als sie ihre neue Gestalt erkannten! Kirke trieb sie sogleich in einen Eberpferch und setzte ihnen Tierfutter vor. Eurylochos sah von draußen diese Vorgänge. Erschüttert rannte er zu den Schiffen und berichtete mit tränenerstickter Stimme, was er gesehen hatte: »Unsere Freunde sind in Schweine verwandelt, keiner kam mehr aus dem Haus, sie hocken im Pferch«, berichtete er Odysseus. Da ging allen ein Licht auf über das merkwürdige, überfreundliche und milde Verhalten der Raubtiere, die um den Palast standen. Odysseus nahm Schwert und Lanze und befahl Eurylochos voranzugehen. Der aber warf sich auf die Knie und flehte, ihm doch den nochmaligen Anblick seiner Freunde zu ersparen. So ging Odysseus allein los.

Auf dem Weg zur Zauberin stand plötzlich Hermes vor ihm, der ihn fragte: »Wohin des Weges?« Als Hermes des Odysseus' Absicht erfuhr, sagte er zu ihm: »Kirke wird Dir ein Gemisch von Speisen geben. Nimm von mir die Schwarzwurzel mit den weißen Blüten, sie wird Dich bewahren vor dem Gift der Zauberin. Iß ruhig und fürchte Dich nicht. Du hast ja mein homöopathisches Mittel, die Schwarzwurzel, sie wird Dich sofort entgiften. Und schlägt sie Dich mit dem Stab, zieh dein Schwert.« Sprachs, und verschwand

107

Odysseus Kirke Gefährten Eurylochos

plötzlich, wie er gekommen war. So mutig Odysseus auch ausschritt, Angst hatte er doch, als er über die Schwelle des Kirke-Hauses ging. Sie kam ihm sogleich entgegen, in der Hand einen goldenen Becher, gefüllt mit der Giftspeise, wie es Hermes ihm vorausgesagt hatte. Odysseus leerte den Becher, aber die Wirkung blieb aus. Als die Hexe nach ihrem Zauberstab greifen wollte, zog Odysseus sein Schwert. Kirke schrie auf vor Schreck – sie erkannte den Fremden und ließ für Odysseus eine Speisetafel herrichten. Doch der verweigerte das Essen und verlangte von der Zauberin, seine Gefährten wieder in Menschen zu verwandeln. Nach einigem Zögern ging sie doch in den Stall, berührte die Eingesperrten mit dem Zauberstock. Da fiel von ihnen ab, was vom Schwein war, und sie wurden wieder Menschen.

Odysseus eilte zum Schiffsplatz. Alle jubelten, als sie ihn heil sahen. Er ließ die Schiffe an den Strand ziehen, versteckte die Schätze und Geräte und machte sich mit den Gefährten auf den Weg zum Haus der Kirke. Nur Eurylochos weigerte sich wieder, mitzugehen, er war zu sehr mitgenommen: »Geht allein hin, die Zauberin wird Euch in Eber, Schweine, Löwen und Wölfe verwandeln, und Ihr müßt den Palast bewachen«, rief er ihnen nach, folgte aber doch in einiger Entfernung.

So blieben sie im Haus der Kirke und lebten fröhlich in den Tag hinein. Wochen, Monate verstrichen, ein Jahr ging zu Ende. Da wollten denn alle, auch Odysseus, weiterziehen. Kirke willigte schließlich ein. »Doch bevor Ihr weiterfahrt«, sagte sie, »mußt Du, Odysseus, in die Unterwelt und den blinden und wegkundigen Seher Teiresias nach dem Weg und der Entfernung zur Insel Ithaka fragen.« »Wer soll denn der Lotse zum Eingang in den Hades sein«, fragte Odysseus zurück. »Mach Dir keine Sorgen«, entgegnete sie, »setze die Segel, der Nordwind wird kommen, die Segel blähen, und das Schiff wird schnell dahinfahren. Den Eingang wirst Du leicht finden. Es stehen dort eine Gruppe Pappeln und Weidenbüsche. Aber, vergiß nicht am Hadestor eine Grube auszuheben und darin den Schatten der Toten ein blutiges Widderopfer darzubringen.« Dies sagte sie noch zum Abschied und verschwand.

In der Nacht vor der Abfahrt stürzte Elpenor, der jüngste der Krieger vor Troja, vom Dach des Hauses und brach sich den Hals. Als die Freunde abfuhren, vergaßen sie, ihn zu beerdigen.

Odysseus in der Unterwelt

Odysseus folgte dem Rat der Kirke und begab sich in die Unterwelt, den Ort ewiger Nacht, ohne Freude (Abb. 108). Am Eingang hob er eine Grube aus, füllte sie mit dem Blut der Widder und spendete Honig, Wein und Wasser dazu. Die Toten kamen von selbst zur Grube. Es sind Schattengestalten, erst wenn sie von dem Blut getrunken haben, erkennen sie den, der vor ihnen steht, und können reden. Sie haben Erinnerung und Wissen von vergangenen Ereignissen, die Zukunft sehen sie nicht. Odysseus erblickt sie leibhaftig, wie sie einst im Leben waren, aber er kann sie nicht berühren, auch seine Mutter nicht. »Die Sehnen halten Fleisch und Knochen nicht mehr zusammen, und wenn der Wille zum Leben die Gebeine verlassen hat, dann fliegt auch die Seele davon wie ein Traumgebild.« Als erster kommt Elpenor, der jüngste der Kämpfer um Troja, an die Widderblut-Grube (Abb. 108). Man vergaß, ihm bei der Abfahrt ein Grab zu bereiten. Nun bittet Elpenor Odysseus unter Tränen, ihn nicht ohne Totenklage und ohne Grab in der Fremde zurückzulassen, er könne sonst nicht im Hades weilen und Ruhe finden. Odysseus verspricht ihm Totenklage und Grabhügel. Es kommt Teiresias mit dem Seherstab, auch er ein Schatten, aber die Seherkraft und die Sinne hat er auch im Hades behalten. Er sagt Odysseus nicht den Weg, den er nehmen soll, sondern weist ihn auf die Gefahren hin, die er noch bestehen muß, und warnt ihn, sich nicht an den Rindern des Sonnengottes Helios zu vergreifen, sonst würde großes Unglück über ihn kommen. Er mahnt ihn zur Vorsicht vor der Rache des Poseidon, der die Blendung seines Sohnes Polyphem nicht vergessen hat. Odysseus wird in die Heimat zurückkehren, aber ohne sein Schiff und seine Gefährten. Er spricht auch von den Zuständen daheim auf Ithaka. Odysseus redet mit seiner Mutter Antikleia; sie erzählt von den verworrenen häuslichen Verhältnissen, von Männern, die sein Hab und Gut verprassen und seine treue Frau Penelope bedrängen. Es kommen noch viele bekannte und unbekannte Mütter von Helden an die Opfergrube. Odysseus redet mit allen. Der Heerführer Agamemnon steht vor ihm, nimmt den Totentrunk und berichtet von seinem traurigen Ende: erschlagen von dem Buhlen Aigisthos und seiner Frau Klytaimestra auf der Burg Mykene. Es kommt Achilleus. Die Klage um das

108

Elpenor Widder Odysseus Hermes

Erdenleben, das sich so schwer vergißt, färbt seine Rede: »Lieber Taglöhner auf fremden Feldern als dieses freudlose Dasein im Hades«, sagt er zu Odysseus. Abseits von den anderen steht Aias in tiefem Groll. Er beklagt nicht sein Hades-Dasein. Er kann auch im Tod nicht vergessen, daß Odysseus die Rüstung des Achilleus an sich nahm. Odysseus spricht ihn mit freundlichen und versöhnlichen Worten an; sie finden aber bei dem stolzen und unbeugsamen Mann kein Ohr. Aias vergibt dem nicht, der seine Ehre vernichtet hat; er ist aus anderem Holz als seine Mitkämpfer. Er antwortet nicht, dreht sich um und geht in die Tiefe des Hades hinein.

Odysseus sieht die Büßer der Vorzeit: Tityos, der versuchte, Leto zu rauben, liegt hingestreckt auf dem Boden; Geier zerhacken seinen Körper. Tantalos büßt sein Vergehen, daß er Menschenfleisch den Göttern zur Täuschung vorsetzte: Bis zum Kinn im Wasser stehend, kann er dennoch seinen Durst nicht löschen; versucht er es, weicht das Wasser zurück; greift er nach Früchten am Baum, hebt der Wind die Zweige empor. Da steht der Büßer Sisyphos: Zur Strafe muß er einen Felsblock den Berg hinaufwälzen, der vor dem erreichten Gipfel immer wieder in die Tiefe zum Fuß des Hügels zurückrollt.

109

Odysseus Sirenen

Der Gesang der Vogelmädchen

In alten Schiffermärchen kommen singende und musizierende Vogelmädchen vor. Die Griechen nannten sie Sirenen. Mit goldenen Flügeln schweben ihre überirdischen Lieder zum Himmel empor. Ihr Gesang kann auch tödlich sein. Wenn der Schiffer sich dem betörenden Gesang hingibt, dann kehrt er nie mehr in die Heimat, zu Frau und Kindern zurück.

Auf dem langen Weg übers Meer kam Odysseus zur Insel der Zauberin Kirke, wo er viele Monate blieb. Doch eines morgens, als die Sonne sich erhob und der Himmel sich rot färbte, da drängte es ihn nach Hause. Während er sein Schiff zur Abfahrt rüstete, nahm ihn die Zauberin beiseite und flüsterte ihm ins Ohr, so daß die Gefährten es nicht hören konnten: »Du wirst an der Sirenen-Insel vorbeikommen; höre nicht auf den Gesang der Vogelmädchen, sie locken alle, die vorüberfahren, mit bezaubernden Liedern, versprechen ihnen tiefe Geheimnisse und eine glückliche Heimkehr, wenn sie am Gestade der Insel mit ihrem Schiff festmachen. Tun sie es, so müssen sie sterben. An dem einsamen Strand modern ihre Gebeine.« »Gib mir, Kirke, Deinen guten Rat!«, sagte Odysseus. »Befolge, fremder Mann, was ich Dir sage: Verstopfe den Ruderern mit Bienenwachs die Ohren, damit sie keinen Ton hören. Du aber, wenn Du unbeschadet dem Gesang lauschen willst, laß Dich von deinen Gefährten an Händen und Füßen mit Stricken an den Mastbaum binden und die Enden der Seile fest verknoten, damit sie sich nicht lösen, auch wenn Du, verzaubert durch den Gesang, es begehrst.«

Das Schiff hat die Sirenen-Insel erreicht (Abb. 109). Die Winde sind eingeschlafen, die Wellen ruhen. Nur der Zaubergesang und die verlockenden Versprechungen der Vogelmädchen dringen an das Schiff. Odysseus, am Mastbaum festgebunden, hört als einziger ihren Gesang. Aber wie er sich auch wendet und dreht, die Stricke geben nicht nach. Und die Ruderer im Bauch des Schiffes? Sie sehen die geblähten Hälse der Sängerinnen, aber hören können sie die verführerischen Lieder nicht. So fahren sie, vom Steuermann sicher geleitet, heil an der Insel der Sirenen vorüber. Der Plan der Vogelmädchen ist nicht geglückt, ihr Lebensfaden reißt ab. Als das Schiff des Odysseus vorbeifuhr und nicht anlegte, mußten sich die Vogelmädchen ins Meer stürzen.

110

Skylla

Odysseus mit seinem Schiff zwischen Skylla und Charybdis

Kaum hatte Odysseus die gefährlichen Sirenen glücklich passiert, da drohte eine neue, viel schlimmere Gefahr. Kirke hatte ihn beim Abschied auch vor ihr eindringlich gewarnt: Als das Schiff in die Enge zwischen zwei Felsen

111

Odysseus Skylla

einfährt, dröhnt und kocht es. Charybdis, ein lebender Felsschlund, saugt das salzige Meerwasser ein, das wie in einem Dampfkessel brodelt und zischt, und speit es wieder als Gischt in die Höhe. Um nicht in den Schlund des Ungeheuers gezogen zu werden, steuert Odysseus das Schiff auf die Gegenseite. Dort aber haust in einem Felsloch das Ungeheuer Skylla, der Hund des Meeres. Skylla ist ein Scheusal, das alle Unwesen noch übertrifft: halb Frau, halb Fisch, wachsen ihr aus den Hüften Hundeköpfe auf langen Hälsen und mit drei Reihen scharfer, tödlich beißender Zähne in den Mäulern (Abb. 110, 111). Skylla streckt lauernd den Kopf aus dem Loch, um Menschen und Meerestiere zu verschlingen.

Odysseus stellte sich bewaffnet auf die Spitze des Schiffes und hielt Ausschau. Und während er mit den Augen den Felsen nach dem Ungeheuer absuchte, stürzte sich die Skylla in das Schiff und packte sechs Gefährten. Noch ehe sie im Felsloch verschwunden war, hatte sie ihre Opfer verzehrt. Entsetzen packte Odysseus und die übrigen Gefährten. Grausig war der Anblick, schrecklich die Hilferufe der Sterbenden. Schrecklicher noch war das Geschehen anzusehen als das in der Höhle des Polyphem. Später mußte Odysseus noch einmal die Meerenge passieren. Es ging glimpflich ab.

Die Gefährten des Odysseus schlachten die Rinder des Sonnengottes Helios

Nachdem sie den Meeresungeheuern entkommen waren, landeten Odysseus und die Gefährten auf Thrinakia, der Insel des Sonnengottes Helios, der Besitzer einer Herde ausgesuchter Rinder war. Sie vertäuten ihre Schiffe, um die Windstille auf dem Meer abzuwarten. Die Zauberin Kirke und der Seher Teiresias hatten ausdrücklich gewarnt, sich ja nicht an den Rindern des Gottes zu vergreifen. Odysseus versammelte seine Gefährten und schärfte ihnen nochmals eindringlich das Verbot ein. »Wir wollen uns nur ausruhen nach den Mühen und Schrecken der vergangenen Tage, wir sind müde, brauchen Ruhe und Schlaf, wenigstens eine Nacht. Du, Odysseus, kennst keine Rast und keine Müdigkeit, bist wie aus Eisen«, sagte der Wortführer Eurylochos. »Legt euch hin und tut, was ich Euch gesagt habe, und tötet mir nicht die Rinder des Helios, sonst steht uns das Schlimmste bevor«, entgegnete Odysseus.

Als die Mitternacht vorbei war, erhob sich ein gewaltiger, anhaltender Sturm; so mußten sie einen ganzen Monat bleiben. Anfangs ernährten sie sich von Fischen und Vögeln, aber als diese immer weniger wurden, stachelte Eurylochos die Gefährten an, die Rinder des Helios zu schlachten. Das taten sie zu der Stunde, als Odysseus tief schlief. Als sie das Fleisch am Spieß drehten und der Fettgeruch um die Nase des Schlafenden zog, erwachte er,

112

Schiffbruch

rannte zum Schiffslager und betete zu Zeus um Gnade. Zu spät! Helios hatte es vor ihm bemerkt und bat Zeus um Rache. Zeus sagte zu.

Sechs Tage waren vergangen. Noch immer aßen sie Rinderbraten. Mit einem Mal legte sich überraschend der Wind. Schnell lösten sie die Taue der Schiffe. Es war die Ruhe vor dem Sturm. Als sie auf hoher See waren, ballten sich die Wolken zusammen, der Sturm brach los und wuchs zum Orkan. Winde stürzten hernieder und wühlten das Meer auf, zerfetzten die Segel, der Mast brach und erschlug den Steuermann. Die Gefährten werden aus dem Schiff geschleudert und treiben im Wasser, und alle ertrinken (Abb. 112). Nur Odysseus kann sich retten, indem er sich an einem Balken festbindet.

Das Bild sagt noch etwas: Das Meer ist ein gefährliches Element. Die Gefährten sind den Gewalten des Sturmes ausgeliefert, sie müssen sich dem Auf und Ab der Wogen fügen. Als Schiffbrüchige sind sie den Meerkrähen ähnlich, die im Flug sich ständig wenden, hin und her bewegen, auf die Wasserfläche niedergehen und wieder aufsteigen. Im Unglück auf dem Meer ist der Mensch nicht bloß einer Meerkrähe ähnlich; im Unglück *ist* er eine Meerkrähe in seinem Verhalten zu den Naturgewalten.

Odysseus in der Grotte der Nymphe Kalypso

Der Sturm hatte sein Schiff zertrümmert. Mit zwölf Schiffen war er einst mit den Gefährten von Troja abgefahren. Allein, an einem Balken sich festklammernd, wurde er von den Wellen an den Strand von Ogygia getrieben, der Insel der Nymphe Kalypso, während die Gefährten in den Fluten versanken. Die Insel hatte viele Quellen und üppigen Pflanzenwuchs. Vielblumige Wiesen wechselten mit dichtem Baumbestand, mit Pappeln, Zypressen und Zedern. Eine bunte Vogelschar hatte dort ihre Nester. Odysseus ging zur Grotte der Kalypso, die ganz eingewachsen war mit Weinreben, und fand die Nymphe singend am Webstuhl. Sie nahm den Schiffbrüchigen gastlich auf und wollte ihn überhaupt bei sich auf der Insel behalten. Doch seine Gedanken, wenn er so einsam am Strand saß, gingen über das Meer, hinüber zu seiner Heimatinsel Ithaka. Die Nymphe suchte ihn zum Bleiben zu überreden, sprach von den neuen Leiden, die ihm bevorstünden. Odysseus war aber entschlossen, Ogygia zu verlassen. Doch zur Heimkehr bedurfte es der Zustimmung des Zeus, die Athena schließlich erreichte. Hermes überbrachte die Botschaft der Nymphe. Aber dem Odysseus fehlte sein Schiff, der Sturm hatte es zertrümmert. Da forderte die Nymphe ihn auf, selbst ein Floß zu bauen, und half ihm dabei. Sie gab ihm die große bronzene Axt mit dem

Ölbaumstiel, das Handbeil und den Bohrer und zeigte ihm gutes, trockenes Erlen-, Tannen- und Pappelholz zum Schiffsbau. Er richtete die Stämme zu und fügte sie mit bronzenen Klammern zu einem Floß aneinander, setzte den Mastbaum mit Segeln und das Steuer. Ringsum legte er Schilfgeflecht, damit die Stürme nicht allzusehr Schaden anrichten könnten. Als alles fertig war, schob er das Floß ins Wasser und verließ die Insel der Kalypso bei ruhigem Meer und günstigem Wind. Poseidon sah das Floß des Odysseus auf dem Meer und schickte Sturmwinde. Seine Rache für den Frevel an Polyphem war noch nicht gestillt.

Odysseus auf dem Floß unterwegs zu den Phäaken

So verließ Odysseus Ogygia und die Nymphe. Zwei Wochen war er unterwegs auf dem Meer, als er am Horizont im Dunst Land aufsteigen sah. Da brach plötzlich ein Sturm los, der Mastbaum knickte, das Floß zerfiel in sein Holzwerk. Odysseus warf seine Kleider von sich und trieb schwimmend an den Strand. Ermattet stürzte er zu Boden und verbrachte die Nacht im Unterholz, mit Laub bedeckt gegen die Kälte. Er war im Land der Phäaken: ein gesegnetes Land, reich an Früchten, fruchtbaren Wiesen und Feldern, ein paradiesischer Ort. Am anderen Morgen, als Odysseus aus dem Schlaf erwachte, waren Nausikaa, die Tochter des Königs Alkinoos, und ihre Dienerinnen am Strand, um Wäsche zu waschen und zu trocknen. Es war Waschtag. Da entdeckt Nausikaa zufällig den Mann, der verwildert, einem Bettler gleich, im Gestrüpp steht (Abb. 113). Athena ist unsichtbar hinzugetreten. Die Mädchen geben ihm Kleider und begleiten den Fremden in das Haus des Königs, wo man ihn willkommen heißt.

Beim Abendmahl sang der blinde Sänger Demodokos von den Ereignissen in Troja, von dem Pferd aus Balken gefertigt. Odysseus konnte seine Tränen nicht zurückhalten. Das sah der König und verstand. Er fragte ihn nach Namen und Herkunft. Odysseus nannte seinen Namen und den seiner Heimatinsel Ithaka. Und nun erzählte der leidgeprüfte Mann seine Abenteuer, seit er von Troja aufbrach: von dem Aufenthalt bei den kriegerischen Kikonen, den freundlichen Lotosessern, von den Schrecken in der Höhle des Polyphem, von dem Unglück mit den Winden des Aiolos, den menschenfressenden Lästrygonen und der Hexe Kirke, von den Gesprächen mit den Schatten der Toten in der Unterwelt, von dem verführerischen Gesang der Vogelmädchen, dem teuflischen Schlund Charybdis und dem Meereshund Skylla, von den Rindern des Sonnengottes, von der guten Nymphe Kalypso, von den Stürmen, mit denen sich Poseidon an ihm und seinen Gefährten

113 

Odysseus Athena Nausikaa Wäschermädchen

rächte. Da waren alle im Saal von Mitleid erfaßt. Viele kostbare Gastgeschenke legten sie ihm in die Truhe und rüsteten ein Schiff. In einem der schnellen Phäakenschiffe brachten Seeleute des Königs Alkinoos Odysseus nach Ithaka.

Odysseus' Heimkehr nach Ithaka

Die Phäaken legten den Schlafenden an den Strand von Ithaka. Als er erwachte, erkannte er seine Heimatinsel nicht sogleich. Als junger Mann hatte er vor zwanzig Jahren seine Frau Penelope und seinen Sohn Telemachos und ein treues Gesinde verlassen und war nach Troja gezogen; als Bettler und Fremder kehrte er in sein Gehöft zurück.

Niemand wußte, wer da vom Strand heraufkam. Athena hatte seine Kleider in Lumpen verwandelt, seine Haut greisenhaft schrumpfen lassen und ihm einen schleppenden Gang gegeben. Nur Telemachos wußte von der Ankunft des Vaters, Athena hatte es ihm gesagt. Von dem Gesinde erkannte allein die Schaffnerin Eurykleia ihn an einer Wunde am Bein, die ihm ein Eber geschlagen hatte, als er noch ein Jüngling war. Der alte Hirte Eumaios lud den Fremden in seine Hütte ein und sprach mit dem Unbekannten in rührender menschlicher Verbundenheit über seinen Herrn, sprach von alten Zeiten, als Odysseus noch zu Hause war. Von Zeit zu Zeit käme Kunde. Ob er noch lebe, wisse man nicht. Im Gespräch erfuhr Odysseus, daß adlige Freier seine Frau Penelope bedrängten und sein Hab und Gut verpraßten.

Das Ende der Freier kam bald. Penelope ließ den Bogen des Odysseus aus der Kammer in den Männersaal tragen und setzte sich selbst als Preis ein:

114

Odysseus Freier

Wer den Bogen zu spannen vermochte, der sollte sie zur Frau bekommen. Keinem gelang es. Als der Bettler von der Türschwelle den Bogen in die Hände nahm und spannte, da wußten alle, daß der Fremde kein anderer als Odysseus sein konnte. Den Freiern kam der Bogenschütze überraschend, hatten sie doch geglaubt, daß Odysseus im Kampf um Troja fallen und nicht mehr wiederkehren würde. Eben noch hoben sie die gefüllten Becher, da schwirren die Pfeile durch den Raum (Abb. 114). Wirrnis entsteht. Sie stürzen von den Gelagetischen, strecken abwehrend die Arme den tödlichen Pfeilen entgegen, halten einen Tisch als Schutzschild vor sich oder suchen zu fliehen. In einem kurzen Kampf erledigte Odysseus sie alle.

*

Zehn Jahre irrte Odysseus auf dem Meer umher, bis die Götter seiner Heimkehr nach Ithaka zustimmten. Viele Mühen hatte er auf sich nehmen müssen, seit er von Troja abgefahren war. Seine Gegner waren nicht Krieger wie auf dem trojanischen Kampffeld, sondern Riesen, Ungeheuer, Schreckgestalten, Hexen, Stürme, die das Meer aufwühlten und seine Schiffe zertrümmerten. Oft hatte er dem Tod ins Auge geschaut. Schläue und Flucht waren meist seine einzige Rettung. Von seinen Gefährten, die mit ihm von Troja aufgebrochen waren, blieb keiner am Leben. Er allein erreichte als Schiffbrüchiger den Strand von Ithaka.

Odysseus kam unterwegs zu vielen Inseln und Orten. In verstaubten Stuben ist man bemüht, sie ausfindig zu machen. »Man wird sie einmal kennen«, soll Eratosthenes, der berühmte Geograph und Leiter der Bibliothek in Alexandrien, gesagt haben, »wenn man den Lederarbeiter gefunden hat, der den Sack nähte, in den Aiolos die Winde für Odysseus schnürte«.

Nachwort

Eine Hilfe dem Leser zu sein, der sich um das Verstehen des Mythos der Griechen bemüht, ihn nicht im Nebel der vielen Erklärungen dessen, was Mythos ist, stehenzulassen, dienen die folgenden Bemerkungen.

Die Mythen der Griechen sind anderer Art als jene, die sich bei anderen Völkern gebildet haben. Mythos heißt im Griechischen Wort, Bericht. Mythos ist eine Erzählung von bedeutsamen Ereignissen und Schicksalen. Unter Mythos verstehen wir nicht das, was an unser Wort Sage gebunden ist; der Anspruch auf einen Wahrheitsgehalt ist in der Sage geringer. Nicht jede Erzählung ist Mythos. Mythos ist keine Einkleidung von Ideen, keine Seifenblase der Phantasie, keine Art Traumkalender. Griechische Mythen haben nicht den Charakter einer Legende, einer Fabel, eines Märchens – diese können weltweit sein. Im Mythos wird eine Geschichte erzählt: Das Besondere ist, wie sie im Leben der Griechen steht, es durchdringt. Dies ist bezeichnend griechisch. Mythos ist die Form, in der der Grieche seine Vergangenheit vergegenwärtigte. Aber dies ist nur *eine* Erklärung. Halten wir uns doch stets vor Augen: Das Denken der frühen Griechen vollzog sich im Schauen von Bildern, fern von allem Begrifflichen in unserem heutigen Verständnis

Griechische Mythen behandeln Götter, göttliche Wesen, Heroen, gottnahe Menschen. Manche haben ihren Ursprung im zweiten Jahrtausend v. Chr. Aber sind diese Erzählungen der Vorzeit schon Mythen im griechischen Sinn? Waren die Götter und Heroen schon das, was sie im ersten Jahrtausend geworden sind?

Einst waren die Götter stammesgebunden, waren Gottheiten einer Landschaft oder eines Ortes. Aber dann, im ersten Jahrtausend, gehören sie zu einer Götterfamilie. In dieser Gemeinschaft sind sie Bruder und Schwester, Sohn und Tochter. Sie werden geboren und führen ein persönliches Leben, so wie die Menschen auch. Sie zanken sich und ergreifen Partei. Von den Menschen unterscheiden sie sich darin, daß sie unsterblich sind und ohne Sorgen leben.

Wenn auf den Burgen in Mykene und Tiryns, in Pylos und Jolkos, im Herrenhaus der befestigten Dörfer des zweiten Jahrtausends v. Chr. der Sänger sein Lied zur Leier vortrug, dann pries er die Taten der Könige und Fürsten, vor denen er stand. Sein Lied begann etwa so: »Du, großer König und Fürst, ich will singen von Deinen Taten und feiern Deinen Ruhm.« Was der Sänger vortrug, waren also die persönlichen Taten des Besungenen. Der Sänger sprach seine Worte zur Leier, und sie ordneten sich zu einem einfachen Gefüge, aber es waren keine Lieder im Versmaß späterer Epen wie die Ilias und Odyssee.

Als am Ende des zweiten Jahrtausends die Burgen gefallen und die Dörfer zerstört waren, die Bewohner sich im Umland in Weilern und kleinen Siedlungen niederließen, waren die Könige und Fürsten keine gottnahen Könige und Fürsten mehr, in deren Schutz die Leute ihr Auskommen hatten. Aus vorzeitlichen, ortsgebundenen Fürsten des zweiten Jahrtausends werden im frühen ersten Jahrtausend Heroen: Herakles, Theseus, Bellerophon, Perseus, Meleager und andere. Sie stehen zwischen den Göttern und den Menschen. Auch sie haben einen Stammbaum und führen ein Leben wie die Menschen. Der Mythos kennt sie als »uneheliche« Götterkinder: Ein Elternteil muß eine Gottheit sein, der andere ein sterblicher Mensch. Die doppelte Abstammung der Helden wird verständlich, wenn man von den Aufgaben ausgeht, die sie zu erfüllen haben, nämlich: Stämme zu gründen, die Ordnung des Zeus in die Welt zu tragen, Ungeheuer zu bekämpfen, die in Sümpfen und Höhlen, im Gebirge, in der Wildnis, im Meer hausen wie die Hydra, der Löwe, der Eber, die Kentauren, die Gorgo, die Skylla und andere Ungeheuer.

Im griechischen Mythos ist das Wissen um die Macht des Schicksals schon am Beginn des ersten Jahrtausends vorhanden. Zwei Beispiele: Wenn auf dem Meer der Sturm losbricht und die Winde in den Wogen wühlen, dann gibt der Dichter keine Naturschilderung, so sehr er auch bis ins Einzelne beschreibt, sondern er führt die zerstörerischen Mächte vor Augen, denen der Mensch auf dem Meer ausgesetzt ist. Oder: ein Schiff fährt hinaus und kehrt nicht mehr wieder. Wir fragen nach den Ursachen des Unglücks, sehen sie im menschlichen Versagen, in der »Materialermüdung« und suchen nach technischer Verbesserung. Der Grieche sagte: »Skylla hat das Schiff verschlungen – die Naturmächte waren stärker als Menschenerfindungen.« Selbst alte griechische Schiffermärchen erhalten jetzt schicksalhafte Züge. Oder: Der Acker bringt keine Früchte, die Saat geht nicht auf, Bäume fallen entwurzelt um. Wir sagen, der »saure Regen«, die »Umweltverschmutzung« sind schuld. Der griechische Landmann sagte: Der Kalydonische Eber war da und hauste in Acker und Wald. Und gibt es das Ungeheuer Typhon noch heute? Ja, es lebt noch immer. Von Zeit zu Zeit hört man sein dumpfes Grollen in der Erdtiefe, wenn es sich bewegt. Dann reißt die Erde auf, und Typhon speit mit seinem Feuermaul glühende Lava aus. Man wird ihn nicht fesseln können. Die Neuzeit hat die Spannung zwischen den Menschen und den Mächten verwischt, wenn sie diese nicht überhaupt leugnet. »Wir haben nicht einmal Gespenster«, sagt Bert Brecht. Doch, es gibt sie noch, die Ungeheuer, nur haben sie andere, abstrakte Namen wie: Giftgas, Pestizide, Atommüll...

Der Grieche sah auch einfache, alltägliche Ereignisse im Gleichnis des Mythos: Wenn der Sänger am Hochzeitstag dem Brautpaar das Hochzeitslied singt, dann stets vor dem Hintergrund göttlicher Hochzeiten, der von

Zeus und Hera, von Thetis und Peleus, um am Ende des Liedes zurückzukehren zum gegebenen Anlaß, zur Hochzeit zweier Menschen.

Der Blick des Mythos in den Menschen reicht tiefer als nur in die kleinen zwischenmenschlichen Begebenheiten. Träger der Menschen-Schicksale sind im Drama des Aischylos, Sophokles und Euripides mythische Gestalten, die jenseits von Zeit und Raum stehen. Sie haben ihre Schicksale, und die Menschen des Tages konnten ihre eigenen Geschicke in ihnen erkennen. Mit Aias sind alle in ihrer Ehre Gekränkten, mit Orestes alle in Schuld verstrickten Unschuldigen gemeint; Medea steht für alle verletzten und zu unmenschlichen Handlungen getriebenen Frauen; mit Hekabe und Andromache sind alle Mütter angesprochen, die Leiden auf sich nehmen: den Tod des Mannes, der Kinder, die Vertreibung aus der Heimat, Schmach und Knechtschaft. Wenn Agamemnon durch fremde Hand sein Leben lassen muß, so ist nicht allein der Fürst von Mykene gemeint. In Odysseus können sich alle der Macht des Meeres ausgelieferten Seefahrer erkennen. Löwe, Eber, Hydra und andere Ungeheuer stehen für alle zerstörerischen Mächte, Kentauren für das Rohe in der Welt. In solchen und vielen anderen Gestalten und Geschehen erkannten die Griechen die Wirklichkeit der Welt, die Lebensgeschichte ihres Volkes. Auf dieser Grundlage erstanden dann Gestalten und Geschehen der griechischen Tragödie, die mir stets als die tiefsten Einsichten in die Wirklichkeit menschlichen Daseins erschienen sind.

Dichter und Bildner, Seher und Sänger waren es, die am Teppich der Mythen gewirkt haben. Der Landmann in seiner Hütte, der Hirte auf dem Feld, der Bürger auf dem Marktplatz, sie alle kannten die Geschichten: verschwenderisch in der Fülle ihrer Einfälle, die alle Züge der Einmaligkeit des griechischen Mythos in sich tragen. Ein unerschöpflicher Brunnen, aus dem kein Krug zurückkehrt, ohne mit Lebenswahrheit gefüllt zu sein.

Den Geschichten »Der Kyklop Polyphem« (S. 145), »Herakles als Knecht des Weingartenbesitzers Syleus« (S. 67), »Danae und der Perseusknabe« (S. 84) liegen das Satyrspiel »Der Kyklop« des Euripides und die Satyrspiel-Bruchstücke »Syleus« des Euripides und »Die Netzfischer« des Aischylos zugrunde.

Fotonachweis
Die eigenen Aufnahmen des Hirmer-Verlages wurden ergänzt durch:
Berlin, Antikenmuseum SMPK (I. Geske-Heiden) 2, 12, 55, 74, 77
München, Antikenmuseum 50, 57, 60
H. P. Isler, Zürich 48
H. A. Cahn, Basel 111
K. Hoffelner zeichnete Abb. 14b, 30, 49

Verzeichnis der Abbildungen

22 Attische Amphora des Psiax, um 510 v. Chr. Brescia, Museo Civico
23 Attische Amphora des Andokides-Malers, um 520 v. Chr. London, British Museum B 193
24 Attischer Stamnos des Syleus-Malers, um 490 v. Chr. Palermo, Museo Archeologico V 763
25 Attische Amphora des Lysippides-Malers, um 510 v. Chr. Paris, Louvre F 59
26 Attische Kanne des Eretria-Malers, um 425 v. Chr. Agrigent, Museo Archeologico 1586
27 Attische Amphora des Malers der Gruppe E, um 530 v. Chr. London, British Museum B 163
28 Ost-Metope vom Zeus-Tempel in Olympia, um 460 v. Chr. Olympia, Museum
29 West-Metope vom Zeus-Tempel in Olympia, um 460 v. Chr. Olympia, Museum
30 Attische Schale des Psiax, um 510 v. Chr. Leningrad, Ermitage 98 b
31 Volutenkrater des Euphronios, um 500 v. Chr. Arezzo, Museo Civico 1465
32 Bronzerelief, um 600 v. Chr. Samos, Museum
33 Attischer Teller, um 550 v. Chr. Tarquinia, Museo Nazionale RC 4194
34 Attische Schale des Duris, um 480 v. Chr. Rom, Musei Vaticani 16563
35 Attische Hydria des Meidias-Malers, um 410 v. Chr. London, British Museum E 224
36 Ost-Metope vom Zeus-Tempel in Olympia, um 460 v. Chr. Olympia, Museum
37 Attische Amphora des Andokides-Malers, 520/10 v. Chr. Paris, Louvre F 204
38 Caeretaner Hydria, um 520 v. Chr. Paris, Louvre E 701
39 Attische Schale des Nikosthenes-Malers, um 500 v. Chr. Melbourne, National Gallery 1730.4
40 Attischer Kelchkrater des Euphronios, um 510 v. Chr. Paris, Louvre G 103
41 Caeretaner Hydria, um 520 v. Chr. Wien, Kunsthistorisches Museum 3576
42 Attische Pelike des Pan-Malers, um 465 v. Chr. Athen, Nationalmuseum
43 Attischer Stamnos des Kleophrades-Malers, um 480 v. Chr. Tarquinia, Museo Nazionale 711
44 Metope des mittleren Burgtempels C in Selinunt, um 520 v. Chr. Palermo, Museo Archeologico

45 Attische Schale des Klinik-Malers, um 480 v. Chr. London, British Museum E 65
46 Attische Pelike des Geras-Malers, um 470 v. Chr. Paris, Cabinet des Médailles 397
47 Attischer Stamnos des Blenheim-Malers, um 460 v. Chr. Boston, Museum of Fine Arts 00.342
48 Attische Schale des Malers der Yale-Lekythos, um 460 v. Chr. Zürich, Eidgenössische Technische Hochschule 19
49 Attische Amphora des Oionokles-Malers, um 460 v. Chr. Paris, Louvre G 210
50 Attische Pelike des Kadmos-Malers, um 410 v. Chr. München, Antikenmuseum 2360
51 Attischer Glockenkrater des Altamura-Malers, um 470 v. Chr. Palermo, Museo Archeologico
52 Attische Schale des Pistoxenos-Malers, um 470 v. Chr. München, Antikenmuseum 2670
53 Attische Schale des Elpinikos-Malers, um 490 v. Chr. München, Antikenmuseum 8771
54 Attische Schale des Skythes, um 510 v. Chr. Rom Villa Giulia 20760
55 Attische Schale des Duris, um 480 v. Chr. Berlin, Antikenmuseum SMPK 2288
56 Attische Schale, um 490 v. Chr. Paris, Cabinet des Médailles
57 Attische Amphora des Alkimachos-Malers, um 480 v. Chr. München, Antikenmuseum 2325
58 Attische Amphora des Oinanthe-Malers, um 470 v. Chr. London, British Museum E 264
59 Attischer Kelchkrater des Polygnot, um 430 v. Chr. New York, Metropolitan Museum of Art 56.171.48
60 Attischer Stamnos des Altamura-Malers um 460 v. Chr. München, Antikenmuseum SL 471
61 Attischer Volutenkrater des Klitias und Ergotimos. 570/60 v. Chr. Florenz, Museo Archeologico 4209
62 Attische Hydria des Danae-Malers, 470/60 v. Chr. Boston, Museum of Fine Arts 03.792
63 Attischer Kessel des Gorgo-Malers, 590/80 v. Chr. Paris, Louvre E 874
64 Attischer Knieschutz, um 420 v. Chr. Athen, Nationalmuseum 2179
65 Attischer Volutenkrater des Klitias und Ergotimos, 570/60 v. Chr. Florenz, Museo Archeologico 4209
66 Korinthischer Krater, um 570 v. Chr. Ehemals Berlin 1655
67 Attische Pelike des Chicago-Malers, um 455 v. Chr. Lecce, Museum 570

68 Attischer Glockenkrater des Danae-Malers, um 460 v. Chr. Syrakus, Museo Archeologico 18421
69 Attische Schale des Ödipus-Malers, um 470 v. Chr. Rom, Musei Vaticani, Vasensammlung 16541
70 Marmorrelief nach einem Original um 430 v. Chr. Neapel, Museo Archeologico
71 Attischer Volutenkrater des Malers der zottigen Silene, um 460 v. Chr. New York, Metropolitan Museum of Art 07.286.84
72 Parisches Bronzerelief, um 630 v. Chr. Olympia, Museum
73 Attische weißgrundige Kanne, um 520 v. Chr. London, British Museum B 620
74 Attische Schale des Töpfers Ergotimos, um 560 v. Chr. Berlin, Antikenmuseum SMPK 3151
75 Attischer Volutenkrater des Klitias und Ergotimos, 570/60 v. Chr. Florenz, Museo Archeologico 4209
76 Etruskische Amphora, um 530 v. Chr. München, Antikenmuseum 837
77 Attische Schale des Makron, um 480 v. Chr. Berlin, Antikenmuseum SMPK 2291
78 Attischer Skyphos des Makron, um 480 v. Chr. Boston, Museum of Fine Arts 13.186
79 Attischer Stamnos des Hermonax, um 460 v. Chr. Paris, Louvre G 413
80 Attische Amphora des Exekias, um 530 v. Chr. Paris, Louvre F 206
81 Attischer Volutenkrater des Klitias und Ergotimos, 570/60 v. Chr. Florenz, Museo Archeologico 4209
82 Attische Amphora des Exekias, um 530 v. Chr. Rom, Musei Vaticani 344
83 Attische Schale des Epiktet, um 500 v. Chr. Rom, Villa Giulia 57912
84 Attische Amphora des Malers der Trauernden, um 530 v. Chr. Rom, Musei Vaticani, Vasensammlung 350
85 Attische Schale des Duris, um 490 v. Chr. Paris, Louvre G 115
86 Attischer Kelchkrater des Euphronios, 510 v. Chr. New York, Metropolitan Museum of Art 1972.11.10
87 Attischer Kelchkrater, um 500 v. Chr. Agrigent, Museo Civico
88 Attische Schale des Erzgießerei-Malers, um 490 v. Chr. Berlin, Antikenmuseum SMPK 2294
89 Ostfries des Hephaistos-Tempels, um 445 v. Chr. Athen, Agora
90 Attischer Stamnos des Kleophon-Malers, um 440 v. Chr. München, Antikenmuseum 2415
91 Attische Amphora des Barclay-Malers, um 480 v. Chr. Paris, Louvre G 429

92 Attische Amphora des Amasis-Malers, 530/20 v. Chr. Boston, Museum of Fine Arts 01.8026
93 Attischer Skyphos des Brygos-Malers, um 490 v. Chr. Wien, Kunsthistorisches Museum 3710
94 Parische Amphora, um 540 v. Chr. Verschollen
95 Attische Amphora des Exekias, um 540 v. Chr. München, Antikenmuseum 1470
96 Attische Amphora des Exekias, um 530 v. Chr. Bologna, Museo Civico 558
97 Attische Lekythos des Alkimachos-Malers, um 460 v. Chr. Basel, Antikenmuseum
98 Naxische Reliefamphora, um 670 v. Chr. Mykonos, Museum
99 Attische Hydria des Kleophrades-Malers, um 480 v. Chr. Neapel, Museo Archeologico 2422
100 Attische Kanne des Heimarmene-Malers, um 430 v. Chr. Rom, Musei Vaticani, Vasensammlung 16535
101 Attischer Krater des Dokimasia-Malers, 470/60 v. Chr. Boston, Museum of Fine Arts 63.1246
102 Attischer Krater des Dokimasia-Malers, 470/60 v. Chr. Boston, Museum of Fine Arts 63.1246
103 Apulischer Glockenkrater, um 410 v. Chr. Paris, Louvre K 710
104 Attische Amphora, um 670 v. Chr. Eleusis, Museum
105 Attische Kanne, um 670 v. Chr. Ägina, Museum
106 Lukanischer Kelchkrater, um 400 v. Chr. London, British Museum 1947.4–14.8
107 Attische Schale, um 550 v. Chr. Boston, Museum of Fine Arts 99.518
108 Attische Pelike des Lykaon-Malers, 440/30 v. Chr. Boston, Museum of Fine Arts 34.79
109 Attischer Stamnos des Sirenen-Malers, um 475 v. Chr. London, British Museum E 440
110 Tetradrachmon von Agrigent, 420/415 v. Chr.
111 Apulischer Volutenkrater, um 350 v. Chr. Basel, Sammlung H. A. Cahn
112 Attische Kanne, um 700 v. Chr. München, Antikenmuseum 8696
113 Attische Amphora des Nausikaa-Malers, um 460 v. Chr. München, Antikenmuseum 2322
114 Attischer Skyphos des Penelope-Malers, um 435 v. Chr. Berlin, Antikenmuseum SMPK 2588